Q.「仕事ができない」「容姿もさえない」「彼女いない歴＝年齢」の男性に1ヶ月で彼女を作ってください。

竹内 謙礼 著

SOGO HOREI PUBLISHING CO., LTD

プロローグ
ダメ男佐々木君、ハマグリ缶詰のマーケティング部に異動を命ず

「聞こえない！　もっと大きな声で！」

藤村美緒は、イラついた声で聞き返した。

目の前の男は、うつむき加減で黒縁のメガネを人差し指で上げると、消え入るような声で、もう一度同じ言葉を繰り返した。

「佐々木太郎と言います。営業推進部から来ました」

声の大きさは、先ほどとまったく変わっていない。

美緒は「部長の藤村です。よろしく」と短く言った後に、「席はあそこ」とアゴをしゃくって、再び自分の仕事に取り掛かり始めた。その姿を見て、佐々木は「すみません」と小さく頭を下げると、自分の荷物の入ったダンボールを抱えて、美緒の左斜め前におずおずと座った。

「ようこそ、ハマグリ缶詰のマーケティング部へ」

佐々木の対面に座る女性が、甘ったるい声で挨拶をする。

「私、小阪茜です。佐々木さんっておいくつですか？」

「32歳です」

「きゃー、若く見えますね」

相変わらず、茜は背筋の寒くなるようなおだて方をする。実際、佐々木は若く見えるのではなく、童顔でやぼったいだけの、ただの〝とっちゃん坊や〟なだけである。フレッシュさのかけらもない中年男だ。

「これからよろしくお願いしますね。なんたって、マーケティング部は、私と美緒先輩と、佐々木さんの3人しかいないんですから」

茜はそう言うと、右手を差し出した。佐々木は驚いたように目を見開くと、耳まで真っ赤にしながら手をそっと出して茜と握手を交わした。

茜のスキンシップ作戦は、相変わらず絶好調である。キャバクラ嬢顔負けの化粧とふくよかな上半身は、他部署の男性陣から〝オヤジ殺し〟と呼ばれるほどである。この茜のスキンシップには、美緒も何度か、取引先との接待で助けられてきた。

しかし、それにしても――。

人事部に「人手が足りない」と言って回してもらったのが、よりによって『ダメ男佐々木君』である。

創業40年、老舗の缶詰メーカー「株式会社ハマグリ缶詰」のマーケティング部は、確かに立ち上がってからまだ5年も経っていない若い部署である。しかし、ようやく実績を出し始めて、「これから」というときに、よりによって営業部で〝ダメ男〟のレッテルを貼られた佐々木太郎がマーケティング部にやってくるとは……。

美緒は過去に佐々木と何度か仕事をしたことがあったが、彼に対して良い印象はまったく持っていなかった。

仕事は遅く、声も小さく、ミスも多い。そして、なにより元気がない男というのが、美緒の気持ちを逆なでした。そういうタイプの男性を、今は〝草食系男子〟と呼ぶのかもしれないが、佐々木より1歳年上の美緒から見れば、「男なら、もっとしっかりしろよ！」と言いたくなるようなじれったさを常に感じる相手だった。

そんな佐々木の覇気のなさは周囲も感じていて、いつしか営業部で彼は『ダメ男佐々木君』というあだ名をつけられていた。違う部署にいる美緒も、そのあだ名を聞いて、なるほどと思ってしまうほど、彼は本当にダメな男だった。

そして、そのダメ男が、本日4月1日付で、自分の部下となったのである。

「こんな男は、一生、彼女なんかできないだろうな」

不器用そうに持ってきた荷物を片づけはじめた佐々木を見て、美緒は大きなため息をついた。

●目次

第3章　ポジショニングマップでわかる〝結婚できる男〟
～明日から人前でスラスラと説明できるターゲットマーケティング～

第4章　「4P」と「PPM」を使って市場で一人勝ちする方法
～「売れない製品」を市場に投入しないための戦略と考え方～

第5章　男の「価格」は何で決まる？
～製品の「価格」をいい加減につけている会社は絶対に儲からない～

装丁　小松　学（エヌワイアソシエイツ）
カバーイラスト　須山夏津希（ぽるか）
本文DTP・図表作成　横内俊彦

＊参考図書
青井倫一監修・グローバルタスクフォース著『通勤大学MBA②マーケティング』（総合法令出版）
江口泰広著『マーケティングのことが面白いほどわかる本』（中経出版）

本書の構成

マーケティングの一般的なプロセス	本書での解説箇所
	第1章（マーケティングとは）
第1ステップ マーケティング環境分析 （外部環境分析 内部環境分析） ↓ SWOT分析	第2章
⬇	
第2ステップ 標的市場の選定 セグメンテーション ↓ ターゲティング ↓ ポジショニング	第3章
⬇	
第3ステップ マーケティングミックスの最適化 4P（・製品　・チャネル ・価格　・プロモーション）	第4章（製品） 第5章（価格、チャネル） 第6章（プロモーション）
	第7章 （リレーションシップマーケティング）

第1章

マーケティングを駆使すれば ダメ男もモテ男になる？

～知らないと恥をかく経営におけるマーケティングの定義～

■マーケティングにおける"ニーズ"と"ウォンツ"

3日後、佐々木の歓迎会が会社の近くの居酒屋で開かれた。

歓迎会といっても、参加者はマーケティング部の部長の美緒と茜、そして歓迎される佐々木の3人だけ。「美女2人に囲まれて幸せでしょ」と、おばさんのようなギャグを言う茜は、身体をよじりながら、佐々木の持つコップにビールを注ぎ始めた。

「佐々木さんって、独身でしたよね」

茜が、社交辞令のような質問を佐々木に投げかけた。

「はい、独身です」

「彼女、いるんですか?」

その質問に、佐々木は慌てて「いません、いません」と、大げさに首を横に振りながら答えた。

「みんな一緒だね。このマーケティング部は全員、独身でパートナーなしなのよ」

茜の悪気のない言葉を、美緒はすんなり受け取れないことが多々あった。茜の23歳の独身と、美緒の33歳の独身とでは、意味がまったく違う。しかし、とうの昔に適齢期が過ぎてしまった美緒は、最近では〝結婚〟に対する焦りも憧れもなくなっていた。

「美緒先輩は、仕事が恋人ですからね」

再び、棘のある発言を、茜が繰り出す。

「仕事なんか、別に好きじゃないわよ」

美緒が口をひん曲げながら言い返すと、茜は「えーっ、私、バリバリ仕事やっている美緒先輩、大好きですよ」と言って、身体をくねらせながら、美緒のコップにビールを注ぎ始めた。

「佐々木さんも、美緒先輩の活躍、知ってますよね」

茜の問いかけに、佐々木はコクリとうなずいた。

「5年前に大手化粧品メーカーのマーケティング部からウチの会社に転職して、1人でマーケティング部を立ち上げられたんですよね。昨年大ヒットした『夕張メロン缶詰』も、確か部長の提案した商品だと聞きました」

夕張メロン缶詰は、美緒の打ち出したマーケティング戦略が当たって、大ヒットとなった新商品だった。昨年のハマグリ缶詰の売上の1割を占めるほどの大人気商品となり、一気にマーケティング部の存在を社内で浮き彫りにしたプロジェクトだった。

「うちの美緒先輩は、偉いんだからね」

茜は酒が回ってきたのか、顔を真っ赤にしてビールの入ったコップを前に突き出した。

「美緒先輩の手にかかれば、なんだって売れるんだから！」

「売れないわよ」

美緒が即座に反論する。

「売れますよ！　石ころだって、空気だって、水だって。美緒先輩の手にかかれば、ちょちょいのちょょいって大ヒット商品になりますよ」

「違うわ、売れない時代だからこそ、マーケティングが必要なのよ」

モノが飛ぶように売れる時代であれば、「マーケティング」などという難しい考えは必要ない。今のような、モノが売れない時代だからこそ、マーケティングの理論に沿って、戦略的に売り方を考えていかなくては、消費者に受け入れられる商品やサービスは生まれないのだ。

「なるほど、売れない時代だからこそマーケティングが必要になるという理屈はわかりました。では藤村部長の大ヒット商品『夕張メロン缶詰』もマーケティングの理論から生まれたんですね。一体どのように考えられたのですか？」

イメージに似ず意外と鋭い佐々木の質問に美緒は少し驚きながらも答えた。

「それは消費者のニーズ（needs）とウォンツ（wants）についてしっかり情報収集を行ったからよ」

「ニーズとウォンツ？　それは何ですか」

「消費者のニーズとウォンツを知ることはマーケティングの第一歩よ。わかりやすく言うと、ニーズとはたとえば〝ノドが渇いた〟という充足感が奪われている状態、ウォンツは〝冷たいものが飲みたい〟というそのニーズを満たす特定のものが欲しいという欲望のことを言うの。マーケティング研究の第一人者であるアメリカのフィリップ・コトラーは、このニーズとウォンツを満たす活動がマーケティングだと言っているわ」

大ヒット商品になった夕張メロン缶詰も、消費者の『新しい果物の缶詰が食べたい』という〝ニーズ〟があったことと、『メロンが食べたい』という〝ウォンツ〟があったからこそ、市場で爆発的なヒット商品になったのである。もし、このニーズとウォンツについてマーケティングをしっかり行っていなければ、今頃、場違いな商品を市場に送り出してしまい、在庫過多で頭を抱えていたはずである。

「マーケティングは、言ってみればお客さんが支払う『お金の価値』と『満足の価値』のバランスをとってあげることなのよ。その『満足の価値』を売り手がはき違えて、お客さんのニーズは満たしても実際には買えないような価格を設定したり、独りよがりで必要のない高機能を押しつけたりしないように、市場を見極める客観的なデータを集めて考察するのが〝マーケティング〟という考え方なの」

「市場が欲しいものと、メーカーが売りたいものとのバランスが合わなければ、どんなにがんばっても、その商品は売れないですからね」

美緒の言葉に、メモを取り出した佐々木が大きくうなずく。

それを黙って聞いていた茜が、「じゃあさぁ」と言って、口を挟んできた。

「もし、市場で受け入れられないようなダメ商品だったとしても、市場に受け入れられるように改善してあげれば、ヒット商品に生まれ変わるんじゃないですか？」

美緒は「その通り」と言って、自分でコップにビールを注ぎ始めた。

「マーケティングの考え方の出発点は常に『市場』にあるの。その市場にあるお客さんの〝求めているもの〟に注目して、お客さんの満足によって利益を得ることを目指すことが、マーケティングを活用した『戦略』になるのよね。だから茜の言うとおり、市場の顧客ニーズに合った商品をちゃんとリリースしてあげれば、ダメな商品でも改善次第ではヒット商品に生まれ変わる可能性は十分にあるわね」

「すみません、質問していいですか」

佐々木が申し訳なさそうに話に割って入ると、小声でぼそぼそと話し始めた。

■「マーケティング」と「販売」は何が違うのか？

「前から疑問に思っていたことなんですけど、『マーケティング』と『販売』は何が違うんですか？　僕は営業部にいたので、その違いがよくわからなくて」

佐々木の質問に、美緒は「いい質問ね」と言って、さらに言葉を繋いだ。

「『販売』の考え方の出発点は、『工場』になるのよ。つまり、製品に注目して、売ることとプロモーションを手段にして、売上数量の拡大による利益獲得を目的とするアクションが『販売』なの。つまり、『いかに売るか』という考えであって、『市場』を出発点と考えるマーケティングとはまったく違うのよ」

「なるほど。つまり、『販売』は力ワザで売っていくようなやり方だけど、マーケティングは『売る』という行為を不要にして、〝自然と売れるようにする〟という意味なんですね」

佐々木が、一生懸命、ノートにペンを走らせる。

しかし、茜は、納得のいかないように首をかしげた。

「でも、そうなると、市場のニーズさえ掴めば、売れる商品はいくらでも作れるってことですよね。つまり、マーケティングさえ理解すれば、どんなダメ商品でもヒット商品にすることができるってことなんじゃないですか？」

「そのダメっぷりにもよるわよ。改善して、一生懸命マーケティングを駆使しても、どうにもならないダメ商品なんて、世の中、たくさんあるわよ」

美緒がこう答えると、茜は、「じゃあ」と言って、佐々木のことを指差した。

「佐々木さんぐらいのダメっぷりだったら、どうですか？」

その言葉を聞いて、美緒は飲んでいたビールを噴き出しそうになった。佐々木にいたっては、霧吹きのようにビールを完全に噴き出していた。

「ちょっと、あんた、いきなり何言い出すのよ！」

美緒の突っ込みに、茜は悪気のない天使のような笑顔を振りまく。

「佐々木さん、社内で『ダメ男佐々木君』って言われているじゃないですか」

その言葉を聞いて、美緒は佐々木が怒り出すかと思ったが、真面目な佐々木は、その茜の屈辱的な言葉すら、うなずきながらメモをとっている。

「佐々木さんぐらいのダメっぷりでも、市場の顧客ニーズを掴んでマーケティングをしっかり行えば、ステキな女性と結婚することは可能なんじゃないでしょうか」

茜の質問に、美緒は「あのねぇ」と言いかけた。

しかし、酒が回っているせいもあり、面白半分に得意のマーケティング論で佐々木の改善策を語り始めた。

「確かに人口が多くて、結婚が当たり前の時代だったら、佐々木君のダメっぷりでも、結婚できたかもしれないわ。でも、今の時代は、人口が減って、結婚が唯一の選択肢という時代じゃなくなったから、佐々木君の〝商品力〟だと、結婚は厳しいと思うわ」

「じゃあ、ダメ商品は、ダメ商品で終わりか」

■「戦略的マーケティング」の時代へ

茜がしょんぼりしかけたところで、美緒が「でもね」と言って、口に小さな笑みを浮かべた。

「今までの『マーケティング戦略』ではなく、『戦略的マーケティング』で考えれば、佐々木君も結婚できるかもしれないわよ」

その言葉を聞いて、佐々木が目を輝かせながら、顔を上げた。美緒は変な期待をさせてはいけないと思いつつも、自分の考えを淡々と話し始めた。

「従来の『マーケティング戦略』というのは、人事、製造、販売、研究などの各部署に付随している戦略の1つでしかなかったの。つまり、狭い領域に限定されていた一機能戦略でしかなかったのね。でも、最近になってマーケティングの重要性が高まってきて、経営戦略と同じぐらいのポジションで、マーケティングそのものが見直されてきているの。ハマグリ缶詰のように、1つの部署に社内全体のマーケティングの面倒を見させる『戦略的マーケティング』のほうが、経営資源の有効配分を意識して、効率的なマーケティングを展開できることに企業が気づき始めたのよ」

「それと、佐々木さんの婚活がどういう関係があるんですか？」

茜の質問に、美緒は「つまり」と言って、割り箸で茜と佐々木の２人を交互に指した。

「佐々木君が１人で婚活に励むのではなくて、さまざまな角度から市場調査を行って、多くの人の力を借りながら、戦略的にマーケティングを行えば、佐々木君を〝独身女性〟という市場に受け入れられる商品に変貌させることは可能だと思うのよね」

茜と佐々木は、話し終わった美緒をじっと見つめていた。

気まずくなった美緒は、とりあえず佐々木に「ところで、結婚したいの？」と尋ねた。

佐々木は小刻みにうなずくと、「結婚したいです！」と、今までにない力強い声を発して、美緒に大きな目を見開いた。

「じゃあ、決まりですね」

茜が膝をポンと叩く。

「私たち、ハマグリ缶詰のマーケティング部で、佐々木さんの婚活を支援しましょう!」

　突拍子のない提案に、美緒は顔を歪めながら「はぁ?」と聞き返した。

「美緒先輩の戦略的マーケティングによって、ダメ男の佐々木さんを、モテ男に変身させて、結婚してもらうんですよ」

「ちょっと待ってよ!　私の言ったのはあくまで机上論よ。現実問題として、人間と商品は違うし、婚活とマーケティングはまったく別物よ」

「結婚は難しいとしても、美緒先輩なら1カ月くらいで佐々木さんに彼女を作ってあげることはお茶の子さいさいですよね」

　勝手に話を進める茜に美緒は慌てて言った。

「ちょっと待って。いくらなんでも1カ月なんて無理よ。最低でも半年くらいはもらわないと」

「じゃあ、半年で決まりですね。マーケティング部の次の新商品は、ダメ男佐々木さん、あなたよ!」

　立ち上がって高らかと宣言する茜に、まんまと乗せられてしまった美緒は頭を抱え込んだ。

【コラム①】マーケティングとは、過去の成功を捨てること

モノが売れる時代を過ごしてきた人は、自分の今までの経験則を捨て去ることができません。〝売れた記憶〟は頭にこびりついて離れず、反対に〝売れない記憶〟は頭の中から自動的に消去されてしまいます。そのため、人は〝売る〟という行為を自分にとって都合よく考えてしまうのです。

そのような、間違った「売れた記憶」を消去するためにも〝マーケティング〟は必要です。市場を客観的に見て、自分の商売の弱点を認め、その上で売れる商品を構築していかなければ、「モノが売れない時代」を生き残ることはできません。「マーケティングなんてまどろっこしいことはやりたくない」という人も多いと思いますが、そのような〝まどろっこしいこと〟をしなければ、複雑に入り組んだ今のマーケットでは、売上を伸ばすことはできないのです。

しかし、現状、多くの大企業が戦略的にマーケティングを取り入れている一方、中小企業でマーケティングを取り入れている企業は少ないのが現状です。人材に乏しく、実行と検証を重ねる時間がないことから、商売を〝勘〟〝感〟に頼ってしまい、適当に販促を展開している中小企業が多いと感じられます。本来であれば、資本力の乏しい企業こそ、知恵を絞って売らなくてはならないのがマーケティングの基本です。厳しい市場で中小企業が大企業と互角に戦うためには、どうしてもマーケティングの知識は必要なのです。

第2章

「SWOT」を知らなきゃ仕事も恋愛もできない

〜マーケティング環境分析は誰でも簡単にできる〜

■マーケティングの一般的なプロセスとは？

３日後——営業部との打ち合わせが終わり、会議室にはマーケティング部の美緒と茜、そして佐々木の３人が残った。

茜は「では、次のテーマに移りますか」と言って、突然、ホワイトボードにつらつらと文字を書き始めた。

「佐々木さんの婚活について」

美緒と佐々木が、その言葉を見てポカンと口を開ける。

「それでは、マーケティング部の新商品、〝ダメ男〟佐々木さんの婚活についての会議を始めたいと思います」

「ちょっと茜、なに言ってるのよ」

美緒がようやく言葉を口にする。

「あっ、さすがに年上の人に〝ダメ男〟って言っちゃダメですか？」

「問題はそこじゃない！」

「僕は別に構いませんよ。〝ダメ男〟って言われているのには慣れていますし」

佐々木のあまりにものん気な対応に、美緒は「あんたも少しは反論しろ！」と言って、持っていた資料で佐々木の頭を引っぱたいた。

「とにかく、マーケティングを駆使して、婚活なんてやるのは無理よ」

美緒は席に座ると、足を組んで不機嫌そうな表情を浮かべた。

「でも、美緒先輩、歓迎会のときには、全社的に取り組む『戦略的マーケティング』を展開すれば、佐々木さんを独身女性という市場に受け入れられる商品に変貌させることができるって、言ってたじゃないですか」

茜が頬を膨らませながら席についた。その横で、佐々木も見るからに残念そうな表情を浮かべて、力なくイスに座った。

子どものような態度の2人に、美緒は苛立ちを覚えつつも、ちょっとでも期待させてしまうような発言をしてしまったことに責任を感じながら「あくまで、仮定の話として聞いてね」と前置きして、ゆっくりと話し始めた。

「たとえば、もし、仮に佐々木君の婚活をマーケティングの理論を使って支援していくとした場合、それに則した『プロセス』を考えながら行動を起こしていかないといけないのよ」

「プロセス、ですか？」

佐々木が間の抜けた声を出す。美緒はその言葉に小さくうなずくと、ホワイトボードに3つの言葉を書き込んで説明を始めた。

第1ステップ　マーケティング環境分析
第2ステップ　標的市場の選定
第3ステップ　マーケティングミックスの最適化

「これが一般的なマーケティングのプロセスと呼ばれているものよ。順番に説明すると、第1ステップの『マーケティング環境分析』というのは、企業の置かれている状況と、今後起こりうる環境の変化を分析する作業のことを言うの。さらにその環境には、自社を取り巻く『外部環境』と、自社自身である『内部環境』があって、これらの環境を分析して得た情報を使って、自分たちの商品を売り込む先である『標的市場』を選定していくのよ」

「じゃあ、まずは佐々木さんを取り巻く『環境』っていう奴を分析することからスタートすればいいんですね」

いつもは、つまらなそうにマーケティングの話を聞く茜が、食いつき気味で話に入ってきた。

「そうね、佐々木君を取り巻く『環境』、つまり佐々木君の周りにどれだけ女性がいて、どんなライバルの男性が存在しているのかを把握したり、佐々木君自身の外見や性格、年収を調べたりすることが第1ステップの『マーケティング環境分析』になるわね。その後、第2ステップの『標的市場の選定』に進むわけ。ここでは、佐々木君にぴったりの女性がいる『標的市場』を見つけ出すことが、最初にやる作業になると思うわ」

美緒がここまで話すと、佐々木はメモをとりながら手を挙げた。

「すみません、先ほどから出ている『標的市場』って……何のことですか？」

「自分たちが狙うべき市場のことよ。環境分析で得られた情報を基に市場の細分化を図って、そこから佐々木君の狙うべき女性たちが集まる〝市場〟を決定するのよ」

「でも、僕が狙える女性のマーケットなんて、そもそもあるんでしょうか？」

弱気な佐々木の言葉を聞いて、美緒は机の上を資料でパシッと叩いた。

「それを細かく分析するのが、マーケティングなのよ。できるだけ佐々木君が他の男よりも輝いて見えて、なおかつ魅力的に思える市場を見つけ出すことができれば、その中で勝ち抜く可能性も出てくるじゃないの」

励ましとも思える美緒の言葉に、佐々木は「うんうん」と大きくうなずきながら、再びメモをとり始めた。

「狙うべき標的市場が決まれば、あとは最後の第3ステップ『マーケティングミックスの最適化』に進むのよ。ここでは、企業がマーケティング目標を達成させるために、価格の調整や製品の改善、広告プロモーションといったさまざまな手段を組み合わせて、市場と商品の最適化を図っていくの。つまり、佐々木君を売り込むために、いろいろなマーケティング施策を駆使する必要があるのよ」

美緒がそう言うと、佐々木は不安そうに、「僕の場合、どうやって最適化を図ればいいんだろう」とつぶやいた。

その言葉に、美緒は「いろいろあるわよ」と言って、佐々木の目を見て話し始めた。

「ダイエットしたり、身だしなみをしっかりするのも、自分自身の〝商品〟の改善策だったりするわよね。他にも、自分を売り出すために婚活サイトに登録したり、積極的に社内のサークル活動に参加したりするのも、茜の言う広告プロモーションの最適化につながることになるのよ。それらの活動をすべてひっくるめて一番〝いい男〟に見せるのが、あたなにとっての『マーケティングミックスの最適化』なのよ」

美緒が話し終わると、茜が「納得！」と言って腕を組んだ。

■「SWOT」を使えば、どんな環境でも客観的に分析できる

「じゃあ、美緒先輩、佐々木さんに婚活で成功してもらうためには、ホワイトボードに書いてある第1ステップの『マーケティング環境分析』からはじめればいいんですね」

その言葉を聞いて、美緒は席から立ち上がり、再びホワイトボードに言葉を記した。

SWOT

「なんですか、それ?」

茜がすっとんきょうな声を出す。

「あんた、マーケティング部にいて、この言葉、知らないの?」

美緒が、顔を引きつらせながら問い詰める。

「知りませんよ。私、まだ入社2年目ですし」

「佐々木君は、マーケティング部に移動してきたぐらいだから、この言葉、もちろん知ってるわよね?」

「ええ、世界保健機関のことですよね」

「それはWHOよ! 私が言っているのは、SWOT!」

美緒は『SWOT』の言葉の下に、英単語を書き始めた。

S strength
W weakness

O opportunity
T threat

「『S』は〝strength〟の頭文字。内部環境の『強み』を意味する言葉ね。で、『W』は〝weakness〟。ここは内部環境の『弱み』。そして『O』は〝opportunity〟の意味で、日本語でいうと『機会』。最後の『T』は〝threat〟で、『脅威』のことを指すのよ」

佐々木がメモをとっている横で、茜はきょとんとした顔で「このSWOTが、どうしたんですか」と言葉を発した。

美緒は、「これがマーケティングでは重要なのよ」と言って、ゆっくりと説明を始めた。

「環境分析では、この『SWOT分析』が最も代表的な手法なのよ。今、自分たちの置かれている会社の状況や、市場環境などを客観的に見るために、この分析方法をよく用いるのよ」

美緒はそう言うと、ホワイトボードに図を書いた。

図1　SWOT分析

	好影響	悪影響
外部環境	機会（O）	脅威（T）
内部環境	強み（S）	弱み（W）

「このマトリックスに、自分たちの企業や商品の弱みや強みをそれぞれ記入していくのよ」

「うーん、いまひとつ、意味がわからないんですが……」

佐々木が頭を抱え込む。茜にいたっては、まったく理解し難い話に突入してしまったせいか、窓の外の景色をぼんやりと眺めてしまっている。

美緒はため息をつくと、「一から説明しなきゃダメね」と言って、マトリックスの『外部環境』という言葉を指差した。

「外部環境には、『マクロ環境』と『ミクロ環境』があるの。まずは『マクロ環境』の説明からさせてちょうだい」

■「マクロ環境」を見なくては、ヒット商品は生まれない

美緒はマトリックスの横に5つの言葉を書き出した。

①人口統計学的環境
②経済環境
③技術環境
④政治・法律環境
⑤社会・文化環境

「これが、何なんですか？」

美緒がつまらなそうに聞いてきた。

「『マクロ環境』とは、業界の外における環境のことよね。つまり、日本全体、世界全体の環境が、一体どうなっているかについて、客観的に分析した環境のことを意味

するの。たとえば、①の『人口統計学的環境』というのは、少子高齢化のような問題のことを指すのよ。つまり、介護事業にとっては、少子高齢化はビジネスチャンスが増えるけれど、子どもを対象にした教育事業は、このような人口統計の環境では苦戦するわよね」

「②の『経済環境』というのは？」

ようやく納得したのか、すぐに佐々木が美緒の説明に反応した。

「『経済環境』は、今現在の経済の状況のこと。株価や為替レートの変動によって商品や人がどのように動くか、環境を分析する必要があるの。③の『技術環境』は、いわゆる技術革新によって、社会がどう変わっていくかということよね。たとえば、アップルのｉＰｏｄの登場によって、音楽の市場は大きく変わったじゃない。あの事例は、技術環境が変わったことによって起きたイノベーションよね」

「なるほど、だから、④の『政治・法律環境』の変化も、環境分析に必要になってくるということですね」

ようやく、茜が興味を持って話を聞き始めた。

「そう、法律や政権が変わることによって、規制なども同時に大きく変わるから、そこで市場環境の歪みが生じるわよね。たとえば、薬事法が改正されたことによって、薬の売り方も変わったし、薬剤師の仕事にも変化が出てきたでしょ」

「言われてみれば、⑤の『社会・文化環境』もそうですよね。女性が働くのが当たり前の社会になって、コンビニの品揃えで女性向けの商品が増えましたからね」

「託児所やベビーシッターの需要が伸びたのも、こういう社会や文化の外部的環境が変わったことによる新しいビジネスと言ってもいいんでしょうね」

佐々木と茜は、お互いに意見を交わしながら、納得した表情を浮かべた。

「マーケティングを行うときは、周囲の環境や業界だけを見ているようじゃダメなのよ。人口や法律、文化などの広いマクロ視点で市場環境を考察しなければ、根本的なところで戦略がつまづいてしまうことがよくあるのよ」

■「ミクロ環境」を考察すれば〝売れない理由〟が見えてくる

美緒は一呼吸置くと、「次は『ミクロ環境』についてね」と言って、ホワイトボードに再び言葉を書き連ねた。

① 顧客
② 競争業者
③ 供給業者
④ 中間媒介業者

「『ミクロ環境』というのは、マクロ環境と真逆の業界内の環境のことを言うのよ。需要状況や顧客動向、原材料費や供給業者など、直接、企業経営に影響を与える外部のものを『ミクロ環境』というのよ」

「そうなると、この中で大きな影響を与えるのは①の『顧客』ですよね。お金を出して商品を買ってくれるお客さんなんですから」

茜はホワイトボードを指差した。

「その通り。お客さん、つまり顧客に関しては重要だから、さらに分析する視点が分かれるのよ。もう少し詳しく説明させてもらうわね」

美緒はそう言うと、もう1枚のホワイトボードに、さらに言葉を書き始めた。

①顧客の基本的な属性の分析
②消費者行動分析

「顧客分析は、まずはこの2つの方法で分析できるのよ。まず、①『顧客の基本的な属性』というのは、多種多様なお客さんをセグメント化して、その中でどの市場が自分たちの会社にとって攻略するべき顧客なのかを考えるために行うものなの」

「最近はお客さんの好みがバラバラで、何を売ったらいいのかわからなくなることがありますからね」

営業経験のある佐々木はそう言って、ひたすらメモをとり続ける。

「そのわからなくなった顧客を、具体的な消費者の〝セグメント〟で分類していけば、商品やサービスを投下するべきお客さんの集合体が見えてくるのよ」

「どんなセグメント基準があるんですか？」

茜の質問に、美緒は「だいたいこんな感じね」と言って、ホワイトボードにセグメント基準を書き始めた。

① 地理的基準
② 人口統計学的基準
③ 心理学的基準
④ 行動規準
⑤ ベネフィット基準

「①の『地理的基準』は、エリアや人口密度によるセグメントで、一般的によく使われる手法よね。②の『人口統計学的基準』というのは、年齢や性別、家族構成なんかで分類するやり方よ。③の『心理学的基準』は、社会階層やライフスタイルによってセグメントする方法で、④の『行動基準』というのは、購買状況や使用頻度、ロイヤリティーで区分する手法ね」

「最後の『ベネフィット基準』っていうのはなんですか?」

佐々木の問いかけに、美緒は「サービスよ」と答えると、すぐに言葉を繋いだ。

「商品のコストパフォーマンスの高さや品質などの付加価値に反応するお客さんをセグメントする方法のことを『ベネフィット基準』というのよ」

「『顧客分析』と言っても、いろいろなセグメント方法があるのね」

茜は感心した表情を浮かべた。

■購買するプロセスからお客さんをセグメント化する

「これだけじゃないわよ。さらに、ここに『消費者行動分析』というのが加わるのよ」

「消費者行動分析？」

「お客さんが商品やサービスを購買するプロセスから、顧客分析を行う方法のことよ。たとえば、ここにホワイトボード用のマジックがあるけれど、このマジックを購入するまでのプロセスをちょっと考えてみてよ」

美緒はそう言うと、黒のマジックを茜に手渡した。

「えーっと、マジックを買うということは、まず、『マジックがない』という環境に自分が置かれているはずですよね」

「そう、つまり、〝何かが足りない〟という問題を認識したことね」

「次に、マジックを探しに文房具屋さんに行って、探しに行った売場で、どのマジックを買えばいいのか評価して、そして最後はそのマジックを購入する……、こんなプロセスになるんですかね」

茜の言葉を聞いた美緒は、「惜しい、あと1つ」と言って、ホワイトボードに購入までのプロセスを書き始めた。

①問題意識
②商品探し
③商品の選定
④購入決定
⑤購入後の感情

「あっ、最後の『購入後の感情』が抜けてたんですね」

茜がパンと手を叩いた。

「顧客が商品を買うプロセスは、だいたいこの5段階のプロセスに分類されるわ。私たち売り手側は、これらの5段階のプロセスのうち、お客さんが今、どの段階にいるのか分析する必要があるのよ」

美緒の言葉に、佐々木が「なるほど！」と相槌を打って反応した。

「つまり、同じお客さんでも、商品を選んでいるときのお客さんなのか、購入前の問題意識の段階で、すでに自分の会社の商品が候補に挙がっているお客さんなのか、そのプロセスの段階で、同じお客さんでも性質は大きく変わってくるってことなんですね」

「そこに、先ほど言った地理的基準や心理学的基準が加わって、さらに細かい顧客分析ができるようになるのよ」

美緒の言葉に、茜と佐々木は大きくうなずいた。

■「ファイブフォース分析」でわかるライバル会社との関係性

「ミクロ環境の最初の話に戻るわよ」

美緒はそう言うと、もう一度、『ミクロ環境』の４つの項目が書かれたホワイトボードの前に立った。

①顧客
②競争業者
③供給業者
④中間媒介業者

「さっきまで話したのは①の顧客の分析についての話ね。顧客分析には、属性と行動の分析の2種類があって、これらの細かいセグメントとプロセスの組み合わせによって、ターゲットとするべき顧客を考察していく……ここまではＯＫ？」

美緒の問いかけに、2人は首を縦に振った。

「次に説明するのは②の『競争業者』についてね」

「競争業者って、ライバル会社ってことですか」

「そうね。でも、もうちょっと細かく分類する必要があるわ」

茜の問いかけに美緒は即答すると、「ファイブフォース分析って言うんだけどね」

と独り言のようにつぶやいてから、ホワイトボードに細かいチャート図を書き始めた。

「企業の競争上のポジショニングを決定するのは、ここに書いた5つの要因に強く影

図2　ファイブフォース分析

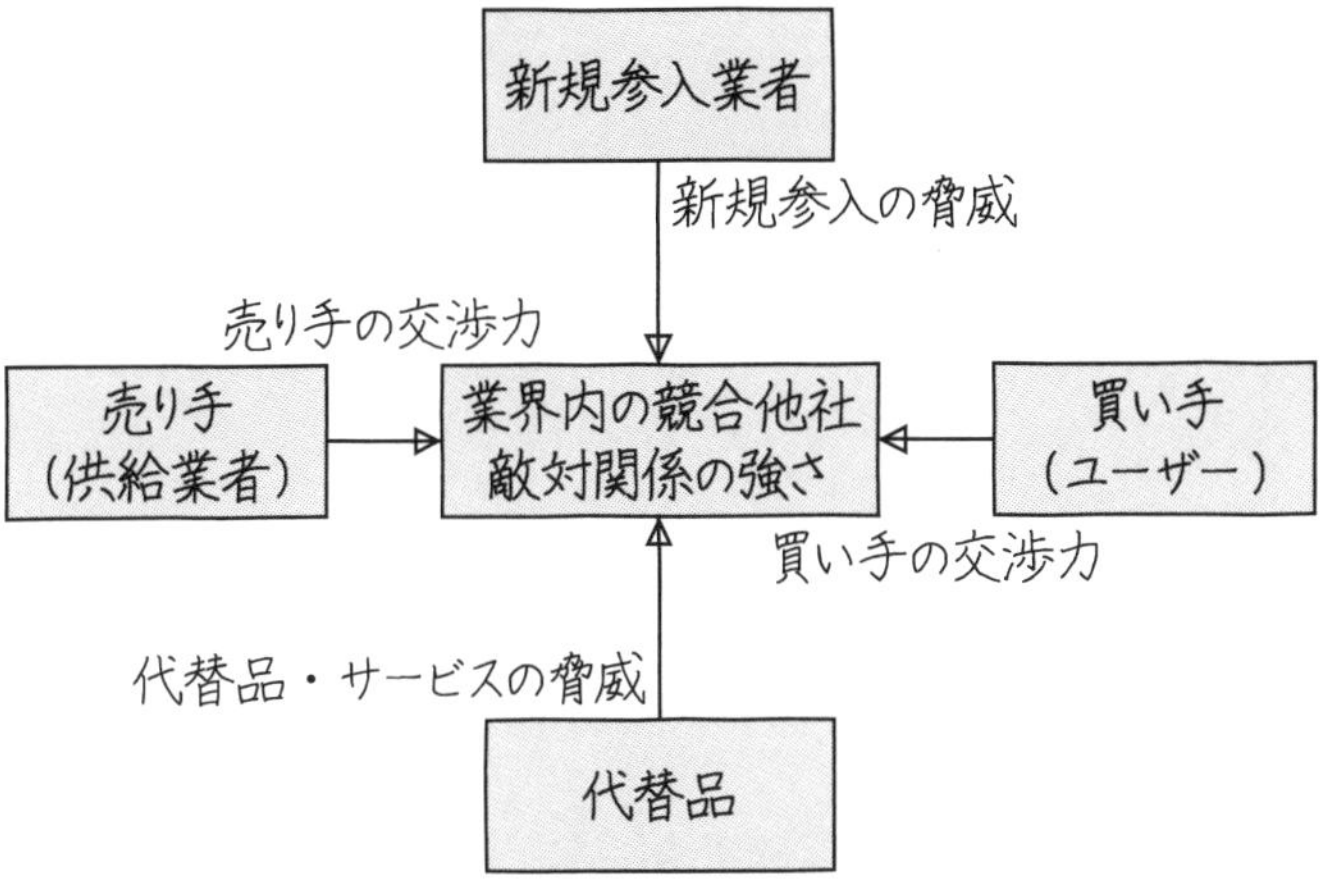

響を受けるのよ」

「なるほど、今現在の競争相手だけじゃなくて、新規に参入する恐れのある業者や、その商品の代わりに使える代替商品を取り扱う業者も、競争相手になるんですね」

佐々木はそう言うと、「厳しいなぁ」と独り言をつぶやいた。その言葉に美緒はコクリとうなずくと、少し厳しい表情で話し始めた。

「たとえば、うちのハマグリ缶詰であれば、缶詰メーカーだけがライバルじゃないわよね。レトルトカレーを取り扱う食品メーカーもライバルだし、これから缶詰のプライベートブランド商品を提供しようとする大手スーパーも競争相手として考えたほうがいいわよね」

ここまで話したところで、「美緒先輩」と茜が口を挟んできた。

「ミクロ環境では、①の顧客や②の競争相手を分析しなくてはいけないことは、このチャート図でなんとなくわかりました。でも、③の『供給業者』と④の『中間媒介業者』は、環境分析をする上で、あんまり関係ないんじゃないですか？　商品を供給してくれる業者も、間に入ってくれる中間業者も、自分たちの会社の味方なんだし」

茜の質問に、美緒は「そんなこともないわよ」と言って、言葉を繋いだ。

「原材料の供給業者が違えば、仕入れ値も原価も変わるでしょ。そうすると、売り値も変わるから、競争市場は大きく変わるわよ。他にも中間に入る一次卸売業者、二次卸売業者が変われば、やはり競争の環境は変化するわ」

「そっか。競争相手の企業だけじゃなくて、その商品に関わる卸業者や中間に入る会社の強さも考慮しなければ、競争相手の客観的な分析はできなくなりますよね」

「ライバルのお店が、どこよりも安く商品を仕入れる卸業者を使っていれば、最後は価格競争で勝てなくなるでしょ。卸業者や中間媒介業者の要因は意外と重要よ」

■内部環境分析とは〝自分を理解する〟ということ

一段落ついたところで、茜が「あれ？」と甲高い声を発した。

「ところで、なんでこんな話をしているんでしたっけ？」

「SWOTの説明をするためよ」

「ああ、そうでしたね。でも、SWOTが佐々木さんの婚活に関係あるんですか？」

「それを理解するために、今、外部環境と内部環境について、話をしているんじゃない。そのへんは後で詳しく説明するから、最後に内部環境の話をさせてちょうだい」

美緒はそう言うと、内部環境の分析の視点について、ホワイトボードに書き始めた。

> ① 技術力
> ② 生産能力
> ③ 市場シェア
> ④ 人材・組織

⑤財務力
⑥購買力
⑦販売力

「これらは、企業が所有する経営資源の強みと弱みを分析する上で必要な項目になるのよ。まず、①『技術力』は、他社にない生産技術や商品開発力がある点よね。②『生産能力』は、他社よりも大量に商品が生産できたり、安く商品を作れたりする点。③『市場シェア』は他社に比べて、どれだけ市場のシェアを押さえているかという点で、④『人材・組織』は優秀な人材を多く雇用しているとか、団結力のある組織なのか、そういうのがポイントになるわ」

「⑤『財務力』は、企業の資本力ってことですか？」

佐々木の質問に美緒は「その通り」と短く答えた。

「財務力はとても重要よ。どんなに優れた商品を作れる技術力があっても、会社にお金がなかったら、原材料費が削られて質の悪い商品になったり、プロモーション費を投下できずに売れない商品になってしまったり、根本的なところで事業がつまづいてしまう可能性が出てきてしまうわ」

「その次の⑥『購買力』って何ですか?」

茜が難しそうな顔をして声を発した。

「『購買力』とは、他社よりも安いコストで、なおかつ短期間で商品を購入できる力があるってことね。この力の強弱で、商品を市場に提供する力が大きく変わってくるからね」

「そうなると、最後の⑦の『販売力』というのは、販売する力の優劣っていうことになるんですか?」

茜の質問に美緒は短く「正解」と言って、持っていたマジックで茜の顔を差した。

「この7つの内部要因の強みと弱みを冷静に見極めることが、内部環境の分析には必要になるのよ」

■ビジネスの現場でSWOT分析を実践的に使う方法

美緒はそう言うと、「じゃあ、最初のSWOTの話に戻るわよ」と言って、ホワイトボードにもう一度、SWOT分析のマトリックスの図を書き始めた。

「佐々木君の婚活の戦略をより深く理解するために、まずは、ハマグリ缶詰で、このSWOTの活用方法の説明をするわね」

美緒は、ハマグリ缶詰の概況を箇条書きで書き始めた。


【ハマグリ缶詰】
・年商　120億円
・従業員　800名
・中堅缶詰メーカー
・主にスーパーに缶詰を卸す
【業界の特徴】
・スーパーの売上が年々減少
・賞味期限の長いレトルト食品が増える
・コンビニエンスストアに商品を卸している

図3 SWOT分析

	好影響	悪影響
外部環境	機会(O)	脅威(T)
内部環境	強み(S)	弱み(W)

「ざっと社内と業界の特徴は、こんな感じかしら」

美緒はそう言うと、マジックを佐々木と茜に手渡した。

「じゃあ、次はあなたたちで、我が社の経営環境を整理してみてよ」

「えっ、僕たちだけでやるんですか?」

佐々木が目を大きく見開いた。

しかし、茜は「面白そう!」と言って、マジックを持って立ち上がった。

渋々動き出した佐々木は、茜と言い争いになりながらも、15分ほどでハマグリ缶詰の経営環境を整理して、ホワイトボードに書き出した。

「なかなか頑張ったじゃない」

美緒はそう言うと、近くにあったパイプイスに腰をかけた。

「1つひとつ説明してちょうだい」

美緒は少し笑みを浮かべながら、ホワイトボードの前に立つ2人に視線を送った。

最初に声を発したのは、佐々木だった。

「まず、『外部環境』ですが、社会全体のマクロ環境として、〝缶詰離れ〟が深刻化しているると思います。若い世代で缶詰を食べ慣れている人が減っていることと、チルド技術の向上で缶詰にしなくても美味しい食品を長期間保存できる環境が整っているので、わざわざ荷がかさばる缶詰を購入している人は減少傾向にあると思います」

佐々木の話を聞いて、美緒は「さすが元営業部！」と言って、大きくうなずいた。以前、営業部にいる頃の佐々木と仕事をしていたときは、どん臭くて業務ミスが多い印象を受けたが、こういう冷静な市場分析に関しては、なかなか良いセンスを持っていると思った。

次に口を開いたのは、茜だった。

「缶詰を取り巻く『顧客市場』は、そんなに悪くはないと思いました。独身者が増えて、年収の低下により共働き世帯が増えています。『手軽に食事を済ませたい』『手間

図4　ハマグリ缶詰の環境分析

外部環境	マクロ環境	缶詰離れ	
	ミクロ環境	顧客市場	独身、共働きの人が増えている
		競合	コンビニ弁当・冷凍食品
内部環境	自社	主要顧客はスーパーマーケット、およびコンビニエンスストア 技術力→なんでも缶詰にできる 生産能力→ロットが少なくても対応可能 市場シェア→国内シェア第2位 人材→商品開発力。面白いアイデアの缶詰を製造 財務力→借金なし 購買力→業者の選定は弱い、値引き販売に弱い 販売力→営業が強い、ネット販売や直売通販はやっていない	

をかけずに、一品だけ料理を出したい』というお客さんは、今後も増えると思います。ただ――」

茜は少し間をおいてから、言葉を繋いだ。

「競合は手ごわいところばかりです。コンビニ弁当をはじめ、冷凍食品なども缶詰のライバル商品になります。特に最近では、スーパーやコンビニのプライベートブランド商品として低価格の缶詰が出てきているので、今後は、こういうライバル商品を意識しながら、商品開発を行っていかなくてはいけません」

仕事に対して興味のない茜だったが、いざ、冷静に外部の環境分析をすると、自分の会社の置かれている状況がわかってきたようである。

自分の会社が置かれている状況に少し焦りを感じたのか、内部分析についても、茜が話し始めた。

「ハマグリ缶詰の主要顧客は、ご存知の通りスーパーやコンビニです。直売はほとんど行っていないので、BtoBが主体になります」

「うちの会社も、ネット通販やダイレクトメールの直販などをちゃんとやっていたら、もう少し主要顧客のリスク分散ができたのにね」

美緒が愚痴っぽく言うと、佐々木が「うちは、古い体質の会社ですから」と言って首をすくめた。

老舗の缶詰メーカーとして、スーパーへの営業を主体でやってきたハマグリ缶詰は、営業部の発言力が昔から強い。そのため、インターネット販売や通信販売などの直売を嫌い、結果、売上構成比がほとんどスーパーやコンビニになってしまったのである。

茜が経営環境についての説明を続ける。

「ハマグリ缶詰は、技術力と生産力のレベルは非常に高い会社です。商品開発力もあり、ロットが少なくても対応できるので、地方のお土産品や特産物なんかの受注生産も多く受けています。財務環境も良好で、缶詰のシェア獲得率は国内で第2位です」

茜の話を聞くと、美緒はゆっくりと立ち上がって「ご苦労さん」と言って、2人を席に戻した。

■SWOT分析でわかる会社の〝強み〟と〝弱み〟

「ここまで環境分析ができれば、SWOT分析はできたも同然よ」

美緒は先ほど書いた、SWOT分析のマトリックスを指差した。

「じゃあ、左上の『機会（O）』から埋めていくわね。まず、ここは『外部環境』で『好影響』を与える項目を入れればいいのよ。何を入れればいいかわかる？」

突然、指を指された佐々木は、慌てて「すみません、そもそも『機会』って何ですか？」と、逆に美緒に聞き返した。

「『機会』はそのまま英訳して『チャンス』だと解釈すればいいのよ。外部環境で、自分たちに好影響を与えるチャンスを挙げればいいの」

佐々木は少し考えてから、自信なさげに話し始めた。

「外部環境の影響で、缶詰に好影響を与える可能性があるのは……、先ほど言った、共働きや独身者のほか、料理に時間と手間をかけられない高齢者が増えることで、市場が大きくなるっていうことですかね」

「なるほど。じゃあ、この右隣の『脅威（T）』は？」

「脅威となると――、やはり缶詰に変わるレトルト食品の登場と、コンビニ弁当の存在じゃないでしょうか」

美緒は「いい調子じゃない」と言うと、次は左下の「強み（S）」を指差して、「この項目には何を書く？」と、今度は座っている茜を指差した。

茜は、一連の流れで何を答えればいいのかわかっていたらしく、スラスラと話し始めた。

「内部環境の強みは、バリエーション豊かな缶詰が作れる点や、小ロットでオリジナル商品を作れるところですよね。商品開発力と、プッシュ力の強い営業部があるから、財務状況の良さを活かして広告費を投入して、ヒット商品を連発させることができるのも、うちの会社の強みですよ」

「じゃあ、内部環境の『弱み（W）』は何を書く？」

図5 ハマグリ缶詰のSWOT分析

	好影響	悪影響
外部環境	機会（O） ・独身者や共働き、高齢者が増えることでシェアが広がる	脅威（T） ・レトルト食品やコンビニ弁当の存在
内部環境	強み（S） ・商品開発力と強い営業力 ・良好な財務状況を活かした販売戦略	弱み（W） ・直販の弱さ ・価格競争に弱い

「ここは……直販が弱いのと、古くからの卸業者や問屋とのつきあいがあるから、値引き販売や価格競争に勝てないのが弱点かな」

茜はそう言うと、少し不安そうな表情を浮かべた。

美緒はそれを見て、「じゃあ、整理すると」と言って、今までの佐々木と茜の発言を、SWOT分析の表に落とし込み始めた。

「こんな感じでどうかしら」

美緒が書き終わると、茜が「すごい！」と言って、ホワイトボードに駆け寄った。

「こうやってマトリックスにすると、自分の会社の強みと弱みがわかりやすいです！」

「今まで頭の中でごちゃごちゃになってい

たことが整理された感じですよね」

佐々木も感心しながら、SWOT分析を見つめた。

「こうやって分析することで、感情に流されず、客観的に会社の置かれている状況を確認することができるのよ」

「客観的に分析することって、マーケティングをする上で大切なことなんですか？」

茜の質問に、美緒は力強く首を縦に振った。

「たとえば、さっき茜は、自分の会社の弱みを見つけると、とても暗い気持ちになってたでしょ？」

その指摘に、茜はハッとした顔をした。

「自分の会社の弱点って、やっぱり知りたくないものなのよ。だって、その弱点が大きくなれば、売上げだって下がっちゃうし、自分の給料も悪くなるかもしれないじゃない」

美緒の言葉に、茜は大きくうなずいた。それを見て、美緒はさらに言葉を繋いだ。

「人はどうしても、自分の属しているものや、自分の関わっているものに対して、贔屓目で判断してしまうところがあるのよ。感情をねじ込んでしまうから、結果、冷静な判断ができなくなって、間違ったマーケティングを行ってしまうの」

その言葉を聞いた直後に、佐々木が「僕にも心当たりがあります」と言って手を挙げた。

「営業部にいる頃、自分が関わった商品は『絶対に売れて欲しい』と思うから、あんまりネガティブな情報は耳に入れたくないんですよね。逆に絶対にその商品が売れると信じているから、ちょっとした良い情報でも、大げさに捉えてしまって、冷静な判断がまったくできなくなることがよくありました」

「そういうミスを犯さないために、客観的に情報を把握する『SWOT分析』が必要なのよ」

美緒がそう言ったときに、茜が「わかった！」と大きな声を発した。

「美緒先輩、もしかして佐々木さんのSWOT分析をやってみようと思っているんですか？」

茜の言葉に、美緒は「その通り！」と言って、頬を緩めた。

「佐々木君、ここに座って」

状況を察したのか、佐々木は顔を真っ赤にして、美緒が用意したホワイトボードの

図6　佐々木さんの環境分析

外部環境	マクロ環境	モテない	
	ミクロ環境	顧客市場	社内の独身男性が多い、草食系男子が人気
		競合	社内の男性社員、女友達
内部環境	自社	主要顧客は社内の独身女性 技術力→？ 生産能力→ルックスが中の下 市場シェア→0％ 人材→まじめ 財務力→？ 購買力→経験がない 販売力→引っ込み思案	

前のパイプイスに腰をかけた。

「まず、佐々木君の環境整理からね」

「あっ、それなら私にやらせてください」

茜はそう言うと、美緒からマジックを奪い取り、先ほどの経営環境の整理と同じような手順で、表に書き込み始めた。

そして5分後、茜は「できた！」と大声を発して、2人にホワイトボードを見せた。

茜の作った佐々木のSWOT分析を見て、美緒は顔を歪めた。

「……茜、このマクロ環境の『モテない』って何よ」

「知らないんですか？　今、30歳過ぎて結婚って、なかなかできないんですよ。だから、外部環境として、『モテない』って言葉で表現してみました」

　悪気がないのはわかっているが、美緒も30歳を超えて独身なので、このマクロ分析の項目には少々引っかかる思いがあった。

　とりあえず、気分が悪くなりそうだったので、美緒は話を続けた。

「『顧客市場』に関しては、〝社内の独身女性〟に絞ったのね」

「佐々木さん、他に出会いもなさそうだし、うちの会社、意外に独身女性が多いんですよね。あと、最近、社内でも草食系の男子って人気なんですよ」

　茜は得意そうな顔をして、さらに言葉を繋いだ。

「社内の独身女性がターゲットになると、当然、社内の独身男性が競合になるわよね。あと、『女友達』と一緒にいるのが彼氏といるより楽しいっていう人も最近は多いから、そういう意味で、彼女たちも佐々木さんの〝ライバル〟ってことになると思ったんです」

「でも、内部環境はあんまり良くないわね」

　美緒はざっと佐々木の内部環境を見て、少し頭が痛くなった。

「だけど、間違っていませんよ。ほら、市場シェアが〝0％〟っていうのも、当たっているじゃないですか」

佐々木は、自分の環境整理がひどく書かれているというのに、茜の言葉を他人事のようにゲラゲラと笑っている。

「『生産能力』の〝ルックスが中の下〟というのも致命的ね。『購買力』に関しては、異性とつきあった経験がないから、デートやプレゼントであまり良い条件は引き出せないわね。販売するにしても、引っ込み思案だから、プッシュ力はほぼゼロか」

美緒が眉間にシワを寄せながらうなっていると、茜が「でも――」と言って、口を挟んできた。

「『人材』の〝まじめ〟というのは、なかなかのセールスポイントじゃないですか?」

「まぁね。これは佐々木君の唯一の誇れるところね」

「唯一、ですか」

佐々木が自虐的な空笑いをする。

「何か技術力と言うか……、佐々木さん、特技は持っていないんですか?」

茜の質問に、佐々木はうーんと一度考えてから、小声で「天体観測かな」と答えた。

美緒は思わず「暗っ!」と口走ってしまったが、すぐに茜が横で「素敵じゃないですか」とフォローを入れて、『技術力』のところに〝天体観測〟という言葉を書き込んだ。

「もう1つ空白なのが、財務力なんだけど、佐々木さん、貯金とかありますか？」

「一応」

先ほどの『天体観測』と答えたときよりも、さらに声のトーンが小さくなった。

「いくらぐらいあるんですか？」

「少しは」

「30過ぎまで独身なんでしょ、少しは貯金してなきゃダメよ」

そういう美緒自身、30を過ぎた現在でも、貯金は10万円すら持っていない。

「とりあえず、環境整理のこの表を完成させないと、SWOT分析ができないので、貯金額を教えてください。だいたいの金額でいいですから」

茜はそう言うと、ホワイトボードの前にマジックを持って立った。

「ほら、佐々木さん、いくら貯金があるんですか？」

「1000万円」

「……はぁ？　今、間違って1000万円って聞こえちゃいましたよ。よく聞こえな

図7　佐々木さんのSWOT分析

	好影響	悪影響
外部環境	機会（O） ・社内に独身女性が多い ・草食系男子が人気	脅威（T） ・社内の男性社員が競合 ・女友達といるほうが楽しい
内部環境	強み（S） ・貯金1000万円 ・まじめ ・天体観測	弱み（W） ・ルックスが中の下 ・彼女いない暦32年

かったんで、もう一回言ってもらえますか？」

「だから、1000万円です」

そう言ったとたん、茜と美緒は佐々木の座ってる席に駆け寄った。

「あんた、そんなに貯金持ってるの！」

「それ、すごいことですよ。一番の強みですよ、それ！」

「なんで、そんなにお金が貯まるのよ！」

「子どもの頃からお年玉とかずっと貯めてきたお金で……、社会人になっても実家暮らしでほとんどお金を使わなかったもんですから……」

佐々木はそう言うと、うつむいて恥ずかしそうに頭をかいた。

「環境の整理ってやってみるものね。意外な〝強み〟が出てくるってことがあるから、やっぱりマーケティングにこういうディスカッションは必要なのよ」

美緒は一人腕を組んでうなずいた。

「よし、これで佐々木さんの環境の整理ができたわ。これをもとにSWOT分析をすると……」

茜はそう言うと、ホワイトボードに、佐々木のSWOT分析を書き上げた。

「やっぱり、このSWOT分析って素晴らしいですよ。これを見るだけで、佐々木さんが、どんな男なのかひと目でわかりますよ」

美緒も改めて、このSWOT分析の素晴らしさを実感した。特に『強み（S）』の〝貯金1000万円〟という文字は、輝いてオーラすら発しているように見える。

「僕、自分でも彼女ができるんじゃないかなぁって気になってきましたよ！」

佐々木が、目を輝かしながら、自分のSWOT分析を見つめていた。

「でも、環境分析はあくまでもマーケティングプロセスの第1ステップにすぎないということを忘れないで。ここからが大変よ」

美緒が語気を強めて言葉を繋いだ。

「第1ステップの環境分析で自分の強みと弱みがわかったら、次は第2ステップとして『標的市場』を絞り込んで、そこからライバルとの差別化を図っていかなきゃいけないのよ」

美緒の言葉に、佐々木は大きくうなずいた。

「これからが、本当の婚活マーケティングの始まりですね」

その言葉を聞いた茜は、イスに座りながら大きな声をあげた。

「あーあ、佐々木さんが、黙っていても女の子にモテモテの男だったら、マーケティングなんてしなくていいんですけどね」

茜がそう言うと、2人は大声で笑い出した。

【コラム②】ライバルはどこにいる？

スキー用品のメーカーをコンサルティングしたときのことです。その会社は10～20代の顧客が増えず、中高年の利用者しか増えないのが悩みでした。

「なぜ、うちの会社は若い世代のお客さんが増えないのか？」その悩みを解決するべく、ライバル会社や市場の調査を行いましたが、結果、答えを見つけ出すことができませんでした。

それから数年後、別件で若年層の社会人の給料の使い道についての調査を行ったことがありました。その際、10～20代の社会人は、毎月のお小遣いのうち、約1万円を携帯電話やスマートフォンなどの〝通信費〟として使っていることがわかりました。月々1万円と言えば、1年間で12万円ぐらい。ちょうど、年に1～2回スキーに遊びに行くぐらいの金額です。

これは仮説ですが、もしかしたら、スキー用品のメーカーにとって、最大のライバルは携帯電話やスマートフォンの〝通信費〟なのかもしれません。もちろん、それだけが若者のスキー離れに直結しているわけではありませんが、少なくとも、携帯電話やスマートフォンは、今の若者の〝お金〟と〝時間〟の使い道を狭めているのは確かです。

このように「外部環境」を見ると、スキー用品のメーカーが、若年層を増やす戦略に力を入れるのは難しいということが理解できます。「内部環境」だけではなく、「外部環境」にも目を向けると、戦略そのものが適切なのか判断することができるのです。

第3章

ポジショニングマップでわかる〝結婚できる男〟

～明日から人前でスラスラと説明できるターゲットマーケティング～

■ターゲットマーケティングで人気ラーメン屋の秘密を探る

それから数日後の日曜日、美緒は長い行列の最後尾に並んでいた。

人気ラーメン店「ハッピー軒」は、雑誌やテレビでも紹介される有名店だったので、美緒にとって昼食時の1時間待ちは、想定内でもあった。20代の頃は、ラーメン屋の長蛇の列に1人で並ぶことに躊躇するところがあったが、30歳を超えたあたりから、そのような他人の目は気にしなくなっていた。

「1時間かな……」

今日だって日曜日なのだから、彼氏とデートをしたり、好きな洋服を買いにショッピングに出かけたりするのが一般的な独身女性の休日の過ごし方である。美緒のように人気ラーメン店に1時間も平気で並んでしまう独身女性は、ある意味、異性や婚期に対して、開き直っていると言っても良かった。

列が少し前に進み始めた。

美緒は前に進もうとしたが、自分の目の前に立っている男がまったく動こうとしない。どうやら本を読んでいて、列の動きに気づいていないようである。

「すみません、前、進んでもらえますか？」

たまらず、美緒は前の男性に声をかけた。

男性は、ハッと我に返り、慌てて「すみません」と言って前に一歩進んだ。そして、美緒の方に顔を向けて、再び「すみません」と言って頭を下げた。

「あっ、佐々木君！」

先に声をあげたのは美緒のほうだった。佐々木も同時に「藤村部長！」と言って、先ほどよりも大げさに頭を下げる。

「偶然ねえ。ハッピー軒のラーメン、好きなの？」

「ええ、ここの魚介スープが気に入っていて」

「でも、この列の長さだと1時間は待つわよ」

「休日の昼時なら、仕方ないですよ。それも想定内です」

同じことを考えている佐々木に、思わず美緒は噴き出しそうになった。

「部長は、よくハッピー軒にいらっしゃるんですか？」

「たまにね」

「ここらへんはラーメン屋が多いけど、その中だとハッピー軒が一番美味しいですからね」

佐々木はそう言いながら、周囲を見回した。

道路の向かい側にもラーメン屋があるし、同じ道路沿いにも、ラーメン屋が数軒連なっている。確かに佐々木の言うとおり、この周辺はラーメン屋の激戦区だ。

「でも不思議ですよね」

再び佐々木が美緒に話しかけてきた。休日のせいか、今日の佐々木は普段より饒《じょう》舌《ぜつ》だった。

「以前、あそこにある『メンメン館』に行ったんですよ」

佐々木は、そう言いながら、道路の真向かいにあるラーメン屋を指差した。

「そんなに味は悪くなかったんです。でも、ハッピー軒のほうがお客さんの数は圧倒的に多いんです。距離はこんなに近いのに、味だけの差じゃないんだなぁと改めて思いました」

その言葉に、美緒は「私もあの店に行ったわよ」とつぶやくと、クスッと笑ってみせた。そして、「仕事の話をしてもいいかしら。この前の続きで、第2ステップ『標的市場の選定』の話をしても」と言って、佐々木の顔を覗き見た。

　佐々木は、「どうぞ、どうぞ」と言って、持っていたバッグからノートを取り出してメモをとる体勢に入った。

「要するに、メンメン館は『標的市場の選定』、つまり『ターゲットマーケティング』ができていないのよ」

「なんですか？　その『ターゲットマーケティング』って？」

「この間も話した、フィリップ・コトラーという有名なマーケティング学者の理論よ。自分の会社の強みを活かしていける、魅力的な市場を狙うマーケティングのこと。確かに、メンメン館は美味しいラーメンを出しているかもしれないけど、味噌ラーメンと醤油ラーメン、それと豚骨ラーメンもメニューに出していたわよね」

「ええ、他にもつけ麺や坦々麺もありましたよ」

「それじゃあ、売れるわけないわよ。そんなにメニューの種類があったら、お客さんも何のラーメンを目当てに店に食べに行けばいいのかわからないじゃない。しかも、あの店、内装もちょっと高級志向で作っているところがあるでしょ。値段も高めに設定しているから、貧乏学生が多いこの街のお客さんとは、ターゲットがズレているところも大きいわね」

佐々木は「確かに」と言って、メモをとった。

「だけど、もし、メンメン館がラーメンの味や種類にこだわらない観光地のドライブインにあって、なおかつ、客層と合ったお店の雰囲気と価格帯であれば、もっと人気店になっていたと思うわ。つまり、同じ商品でも、ターゲットが変わってしまうだけで、その商品は売れたり、売れなかったりしちゃうわけよ」

佐々木が感心して「ラーメンの評論家みたいですね」と言うと、美緒にパシッと頭をひっぱたかれた。

「ラーメン屋の話をしているんじゃなくて、今はマーケティングの話をしているのよ！ それに、これから話すことは、仕事だけじゃなくて、佐々木君の婚活にも関わる大事な話なんだから、ちゃんと聞いてちょうだいね」

美緒はそう言うと、佐々木のノートを奪い取って、そこに3つの言葉を書き記した。

①セグメンテーション
②ターゲティング

③ポジショニング

「この3つが『ターゲットマーケティング』のプロセスなのよ。まず、①の『セグメンテーション』は、一定の基準を設けて、市場を同質と考えられる小集団に細分化することを言うのよ」

美緒がそう言うと、佐々木が「ちょっと待ってください」と言って、ノートとペンを持ちながら、話を止めに入った。

「別にターゲットを小集団に分けなくてもいいんじゃないですか？　大きいパイを狙いに行ったほうが、ターゲットが広がってたくさんのお客さんを獲得できるんですから」

「それがダメなのよ。道路の向かい側にある、いろいろな味のラーメンを扱っているメンメン館がいい例でしょ。都合よくすべての人のニーズに応える店は、コンセプトが不明確で今の時代では受け入れられないのよ」

「なるほど、このハッピー軒のラーメンが人気なのは、〝魚介スープ〟の味が好きなお客さんだけに、味をセグメントしたからなんですね」

佐々木は長蛇の列の先にある、ハッピー軒の店頭に目を向けた。

「この店は、魚介スープのラーメン1品だけでしょ。メニューの数は少ないけれど、この味のラーメンが好きなお客さんは、確実に獲得できるわ。しかも、このラーメン激戦区のエリアには、魚介スープのラーメン店は1軒もないの。そう考えると、こうやって私たちがラーメンを食べるのに1時間以上も並ぶのも、納得できる話ではあるのよね」

■売れない時代だからこそ必要な「セグメンテーション」

美緒はラーメンの話を続けていくうちに、抑えていた空腹感が激しくなっていくのがわかった。

「じゃあ、部長の言うとおり、セグメンテーションは絞りに絞り込んだほうがいいわけですよね」

佐々木が1人うなずきながらメモをとろうとしたところ、美緒が「そういうわけでもないのよ」と言って、言葉を返してきた。

「考えてもみなさいよ。絞り込みすぎて、１人のための商品をオンリーワンで作っていたら、コストがかかり過ぎて儲からないでしょ。たとえば、『あなただけのオリジナルのラーメンを作りますよ』なんて言って、素材から好みを聞いて作ってみたら、１杯１万円ぐらいになっちゃうわよ」

「でも、絞り込んだら、その分、買ってもらう確率が上がるんじゃないですか?」

「そうでもないわよ。もし、買われなかったら、その分、リスクが大きくなるでしょ。セグメントを絞り込むということは、逆にリスクも上がってコストも高くついてしまうという弱点があるのよ」

美緒の話を、佐々木が難しそうな顔をして聞いている。まだセグメンテーションの話をしっかり理解できていないようだった。

「わかった。じゃあ、こういうたとえ話をしましょう」

美緒はそう言うと、佐々木の顔をマジマジと見つめた。

「佐々木君、世の中にいるすべての女性に、自分のことを好きにさせることってできると思う?」

「そんなの無理ですよ」

佐々木は顔をブンブンと左右に振った。

「じゃあ、反対に1人の女性をいきなりターゲットにして、自分のことを好きにさせることってできる?」

佐々木はしばらく考えた後、小声で「無理だと思います」と自信なさそうに答えた。

「それも大変だと思います。1人に絞り込んで、フラれでもしたら、それこそ自信喪失ですよ」

「では、これだったらどうかしら」

美緒は少し間を置いて、佐々木の目を見ながらゆっくりと話し始めた。

「自分の好みだと思われる女性を数人まで絞り込んで、その子たちと満遍なくお話をして、その中から、自分に好意を持っていそうな女性だけを選んで、その人をターゲットにしてアタックをかける……だったら、どうかしら?」

「それだったら、僕、大丈夫のような気がします」

佐々木の表情が明るくなった。

「いきなり一か八かで1人に絞るんじゃなくて、ある程度、自分とつきあってもいいという複数の人たちと会ったほうが、なんとなくいい人と出会えそうな気がします」

「それと同じことよ。広すぎてもダメ。かといって絞りすぎてもダメ。これがセグメンテーションの難しいところだったりするのよ」

美緒の言葉を聞いて、佐々木はようやく「納得です！」と言って、明るい表情でメモをとり始めた。

■セグメンテーションを成功させる上で必要な4つの条件

気がつくと、列は半分ぐらい前に進んでいた。鼻の頭を魚介スープの濃厚な香りが漂い、さらに美緒の空腹を加速させた。

「セグメンテーションのバランスって難しいんですね」

ペンを持ちながら、佐々木がポツリとつぶやいた。

「このセグメントの分け方って、何かいい方法があるんですか？」

その質問に、美緒は「いい質問ね」と言って、再び佐々木のノートにペンを走らせた。

①測定可能性
②実質性
③到達可能性
④実行可能性

「まずは、セグメントをかける上で、①の『測定』ができなきゃ意味がないわよね。イメージや感覚で測定していたら、そもそものセグメントの結果がいい加減になっちゃうから、セグメンテーションそのものの意味もなくなっちゃうのよ」

「②の『実質性』って何ですか？」

「最低限の市場規模のことよ。いくらセグメントがうまくいっても、そこにいるお客さんの数が少なければ、利益が出ないからね」

佐々木は「うんうん」とうなずきながら、「③の『到達可能性』というのは？」と、さらに美緒に質問を続けた。

「セグメントに対して、効果的に到達できるかどうかってことよ。統計的な数字を入手することができれば、ある程度、予測することができるわ」

「最後の④の『実行可能性』というのは？」

「作ったセグメントに対して、経営資源がちゃんと備わっているかどうかよ。たとえば、いくらセグメントをかけて可愛い女性に絞り込んだとしても、それがアイドルグループの人気タレントだったら、佐々木君にその女性アイドルたちをくどくだけの〝経営資源〟なんてないでしょ」

佐々木は「わかりやすいたとえ話、ありがとうございます」と言って苦笑いをした。

「これらを地理的変数や行動的変数の軸でセグメントすることで、自分たちの商品に適した『標的市場』を見つけ出すのよ」

美緒がそう言ったところで、ハッピー軒の暖簾が、もう目の前まで来ていた。店員が店から出てきて、１人ひとりに事前に注文を聞いてくる。

「お客さん、お１人ですか？」

店員が前にいる佐々木に声をかけてきた。佐々木は一瞬、躊躇した表情を浮かべたが、すぐに「いいえ、２人です」と答えた。

店員が去った後、佐々木が「勝手に２人と答えて、すみません」と美緒に頭を下げてきた。美緒はどちらでも良かったが、少なくとも、いい歳をした女性が「１人です」と答えるのは恥ずかしかったこともあり、ほんの少しだけ佐々木の心遣いに感謝した。

■ポーターの「5つの力」で収益性を見極める

「部長、1つ質問していいですか？」

店の前に立ちながら、佐々木が美緒に尋ねてきた。

「さっきセグメンテーションの話をしたじゃないですか。いろいろな軸を作ってセグメントをすることはわかったんですが、その中で、どの『標的市場』を狙いに行けばいいのか選ぶ方法はあるんですか？」

佐々木はノートをペラペラとめくりながら、過去の美緒の発言にヒントがないか調べ始めた。

「佐々木君が心配するのも無理ないわよね。せっかく選んだセグメントも、選び方が間違ったら、身も蓋もないからね」

美緒はそう言うと、ノートに先ほど自分で書いたターゲットマーケティングの3つのプロセスの中で、「②ターゲティング」という言葉を指差した。

「細分化された小集団の、どれに狙いを定めるかを決めるために、『ターゲティング』を実施する必要があるのよ。まずは、そのセグメントに対して、何を基準に評価をするかというのが大切よね」

佐々木は「評価、ですか」と、間の抜けた声を上げた。美穂は「これもちゃんと説明しなきゃダメね」と言って、佐々木のノートにペンを走らせた。

①規模
②成長性
③収益性
④自社の目標と資源

「魅力度の評価はこの4つがポイントね」

「①の『規模』と②の『成長性』って何ですか？」

「そのセグメントが自分の会社が攻略するに当たって適正な市場の『規模』か、そして、そのマーケットの『成長性』はどれだけあるのか、検討する必要があるのよ。あまりにも巨大な市場に、ちっちゃい会社が乗り込んでいったって勝てるわけがないでしょ」

「そうですよね。魅力的なセグメントでも、資源やスキルが自分たちになければ、攻略しに行っても勝てるわけがないですからね」

「そういう意味では、これはすごい大事なことよね」

美緒は③の『収益性』と書かれた文字を、ペンでぐるりと丸で囲った。

「儲かるセグメントか、儲からないセグメントかは、その市場に飛び込む前に確認しておく必要があるのよ」

「利益が出れば、大丈夫ってことですか？」

佐々木の問いかけに、美緒は「そんな簡単な問題じゃないわよ！」と、やや語気を強めて答えた。

「『収益性』というのは、その企業を取り囲んでいる競争環境に強く影響されるのよ。佐々木君、マイケル・E・ポーターって知ってる？」

「すみません、勉強不足で」

佐々木は恥ずかしそうに頭をかいた。

「アメリカの経営学者よ。第１ステップ「環境分析」の説明をしたときに話したファイブフォース分析を考えた人。彼はファイブフォース、つまり『５つの力』によって、販売価格が引き下げられたり、コストが引き上げられたりして、収益性が変わっていくことを指摘しているわ」

美緒は佐々木のノートに『５つの力』を書き記した。

①既存の同業者間の競争
②売り手の交渉力
③買い手の交渉力
④新規参入の脅威
⑤代替品の脅威

「ああ、思い出しました」

佐々木は、そう言うと、美緒のノートに書いた文字を指でなぞりながら話し始めた。

「①の『既存の同業者間の競争』というのは、通常の競合企業や競合店ということですよね。②と③は売り手側の接客力と、買い手側の対応によって売値は変わりますし、④と⑤の『脅威』によっては、値下げをしたり、渋々高く売ることをあきらめたりしますよね」

「これらのことをしっかり把握した上で、ターゲティングをしていかなければ、間違った評価でセグメントを選んでしまって、失敗してしまうのよ」

美緒はそう言うと、「婚活も同じね」と言葉を繋いだ。

佐々木が、「どこが同じなんですか?」と聞き返すと、美緒は「女性にターゲティングされているところよ」と言って、クスっと笑ってみせた。

「女性も、男性に対してターゲティングしているのよ。この男に将来性はあるのか、自分が彼女に志願して、果たして相手にしてくれる相手なのか、そこらへんのバランスをよく見極めながら、パートナー探しをしているのよ」

「相手の規模や収益性を、客観的に見ているわけですね」

佐々木はそう言うと、深刻な顔をしてうーんと唸った後に、さらに言葉を繋いだ。

「難しい問題ですよね。理想の相手を追い求めすぎて、条件を選り好みしていくうちに、どんどんセグメントして、気がつけば一人ぼっちってこともありますからね」

美緒はその言葉を聞いて、思いっきり佐々木の頭を引っぱたいた。

「イタッ、突然、何するんですか！」

「なんでもないわよ。叩きたくなっただけよ！」

佐々木に悪気がないことはわかっていたが、自分のことを言われたような気がして、思わず手が出てしまった。若い頃に相手を選り好み過ぎて、独身のまま30歳を過ぎてしまった美緒にとって、このターゲティングの話は決して笑える話ではなかった。

ハッピー軒の入り口がガラリと開いて、店員が顔を出した。

「お待たせしました。２名様、中へどうぞ！」

その言葉を聞いて、美緒の空腹はさらに煽られ、イラ立ちが増幅された。

美緒が「行くわよ！」と不機嫌そうに言うと、佐々木は頭を押さえながら、「は、はい」と言って、子分のように後ろからついてきた。

■ポジショニングマップでわかる業界での自社の〝立ち位置〟

カウンター席で、美緒と佐々木は肩をすぼめながら隣同士に座った。

佐々木はノートを広げて、最初に美緒が書いたターゲットマーケティングの3つの言葉が書かれたページを開いた。

① セグメンテーション ② ターゲティング ③ ポジショニング

「部長、①の『セグメンテーション』と②の『ターゲティング』は理解できました。最後の③『ポジショニング』についても教えてくれませんか」

美緒は激しい空腹に襲われて、ポジショニングについて教えている余裕はなかった。

しかし、せっかく佐々木がマーケティングの話に興味を持ち始めていることもあったので、空腹をこらえながらも、丁寧に説明することにした。

「セグメントに分けて、ターゲティングを行ったとしても、そこに競合他社がいることは十分考えられるわよね」

「ええ、そんなライバルが一切いない市場なんて、そうそうないですからね」

「そうすると、何かしら商売をやるんだったら、その市場でライバルの会社と戦うことは大前提となるのよ。そうなったときに、競合他社に負けない〝差別的優位性〟を見つけ出して、プロモートしていくのが、ここに書いてある『ポジショニング』になるの」

佐々木は、「〝差別的優位性〟ですか」と言って、難しい表情をして腕を組んだ。

「それって、とっても難しいことですよね。ライバルの会社と差別化して、さらに優位性を保つって、そうそうできることじゃないですよ。そういうのが簡単に見つからないから、商品を売っていくのは大変なんですよね」

美緒はその言葉を聞いて、「その通りね」と言って、言葉を繋いだ。

「でも、1つひとつ状況を整理して考えていけば、案外、差別化のポイントは見えてくるものなのよ。その会社の製品そのものだったり、サービス内容だったり、スタッフの能力やお店や広告のイメージだって、他社との差別化のポイントになるわよね」

美緒はそう言うと、佐々木に「『ポジショニングマップ』って知ってる？」と聞きながら、ノートを手にとってなにやら図を描き始めた。

「なんですか、これ？」

佐々木が、あっけに取られた表情で美緒に問いかけた。

「これがポジショニングマップよ。佐々木君、このあたりのラーメン屋のこと、詳しい？」

「ええ、だいたい食べましたよ」

「じゃあ、ここらへんの有名ラーメン店を一通り書くわね」

幸福亭→こだわりの醤油ラーメン
男とんこつ→濃厚博多ラーメン
ファミリー堂→老舗の中華ラーメン
ハッピー軒→魚介ラーメン

図8　ポジショニングマップ

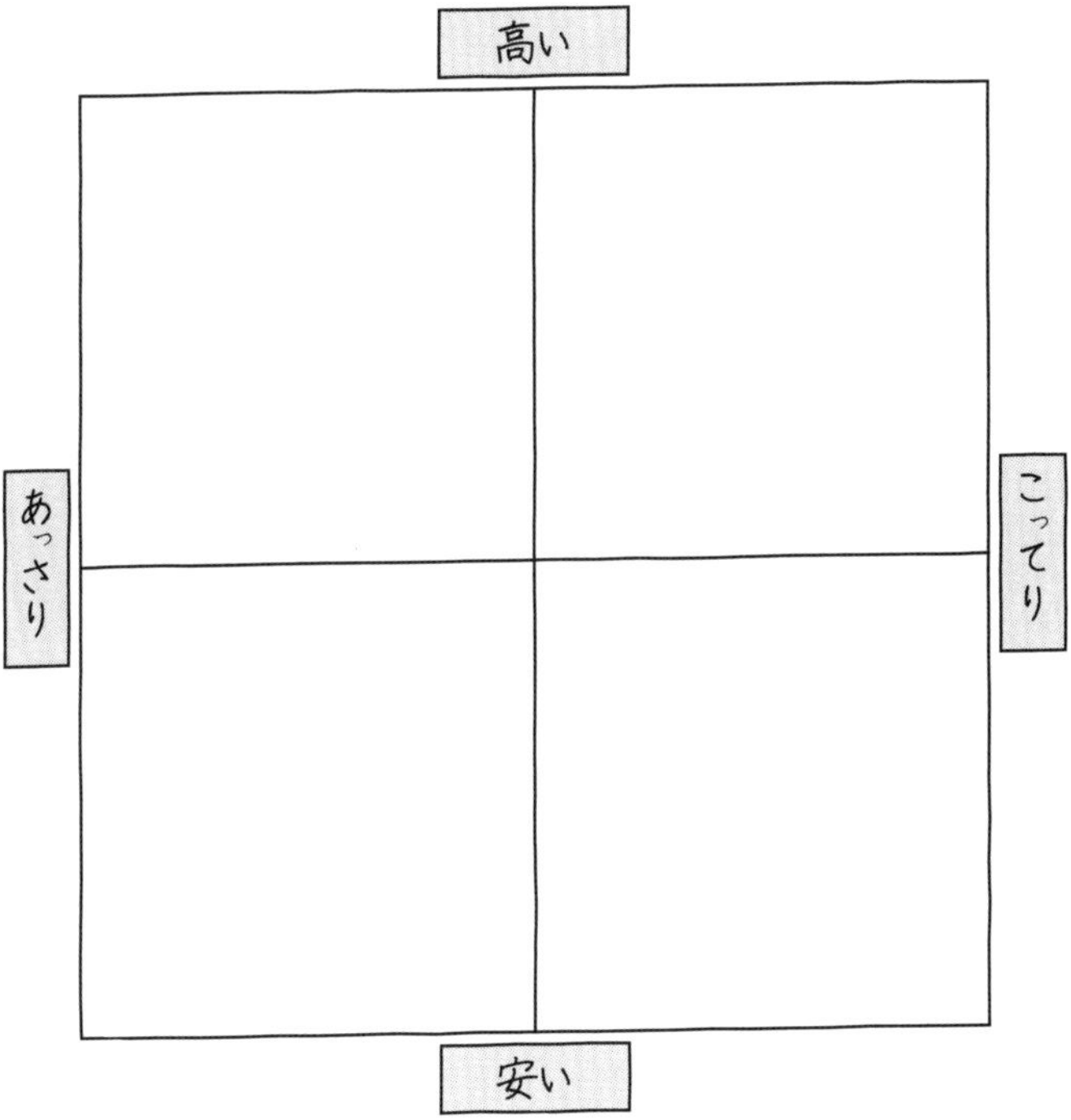

美緒は、ハッピー軒の周辺にある有名ラーメン店を書き出した。

「この店全部、僕行きましたよ」

佐々木が自慢げに答える。

「じゃあ、これらの店を、さっき私が書いた、このポジショニングマップの中に当てはめていってよ」

美緒の言葉に、佐々木は「できるかなぁ」と首をかしげながら、ポジショニングマップにラーメン店の名前を書き始めた。

「こんな感じかな」

佐々木は、ペンを置いて目の前にあった水を一口飲んだ。

「だいたい合っているわね。でも、この図を見て、この街の周辺には、道路の向かい側にある『メンメン館』のような、高級志向のラーメン店は飽和していることがわかるわよね」

美緒の問いかけに、佐々木は「ホントだ!」と言うと、まじまじとポジショニングマップを見つめた。

「『メンメン館』はラーメンの種類は豊富だけど、味は濃くもなく薄くもなく、ちょ

図9　ハッピー軒周辺ラーメン店のポジショニングマップ

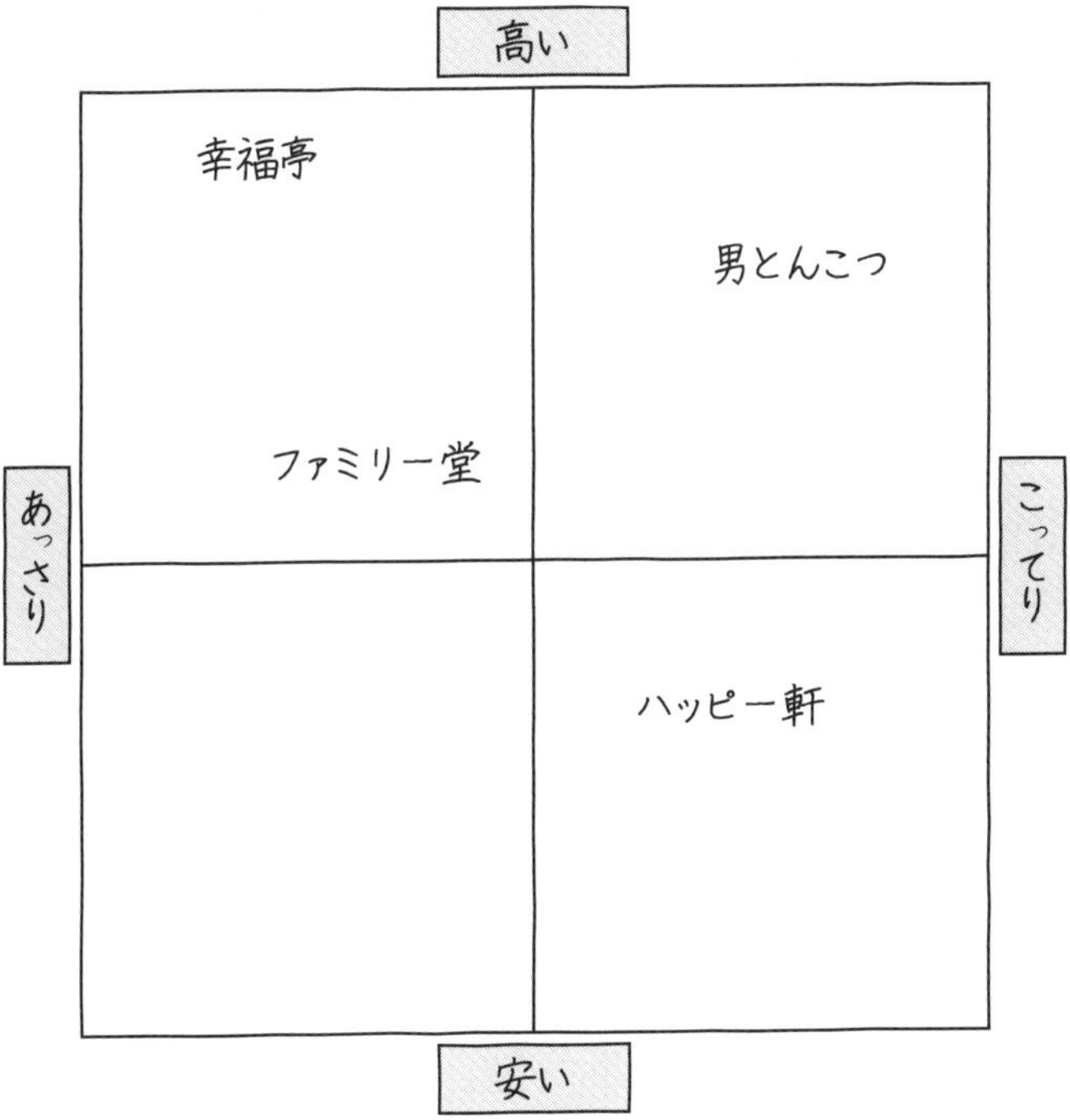

うどこのポジショニングマップで言えば、左上の枠に入っちゃいますよね」

「高価格帯に入るから、ポジショニング的には『幸福亭』と重なるし、味だったら『ファミリー堂』と近い感じになるわね」

美緒はそう言うと、ポジショニングマップに書かれたハッピー軒をペンで突き刺した。

「そう考えると、この『ハッピー軒』はマーケティング的によく考えられているわよね。価格帯もそんなに高くなく、それでいて、濃厚な味のラーメン店『男とんこつ』とは勝負せず、うまく競合他社との競争を避けてポジショニングを確立したわよね」

佐々木は、「なるほど」と言って、もう一度、まじまじとノートを見た。そして、美緒の顔を見て、「そうなると、ですよ」と言って、少し声のトーンを落として話し始めた。

「このポジショニングマップを見ると、価格が安くてあっさりしたラーメン屋さんって、あんまりないですね」

「言われてみたらそうね。私もここらへんのラーメン屋さんは詳しいけれど、あっさり系で手ごろな価格で食べられるラーメン屋さんはないわね」

美緒がそう言うと、佐々木は「じゃあ」と言って、やや興奮気味に声を発した。

「『メンメン館』も、あっさり系の低価格ラーメン屋になっていれば、あんなにヒマな店にはなっていなかったかもしれませんね」

佐々木がそう言ったと同時に、目の前にラーメンが出された。

「とりあえず、先に食べちゃうわよ」

我慢しきれず、美緒のほうが先にラーメンに手をつけた。佐々木も、「いただきます」と言って、割り箸に手を伸ばした。

ラーメンを一口すすったところで、ようやく美緒の暴れていた空腹の胃袋は落ち着きを取り戻した。美緒は、やや冷静な声で、ゆっくりと話し始めた。

「佐々木君の言ったとおり、ポジショニングマップをちゃんと作っていれば、メンメン館も、閑古鳥が鳴くことはなかったかもね」

佐々木は、ラーメンをすすりながら、「ポジショニングマップってすごいですね」と答えた。

その横で、箸を止めた美緒は、佐々木のノートに手を伸ばして、新たにもう1つポジショニングマップを書き始めた。

図10　佐々木君のポジショニングマップ

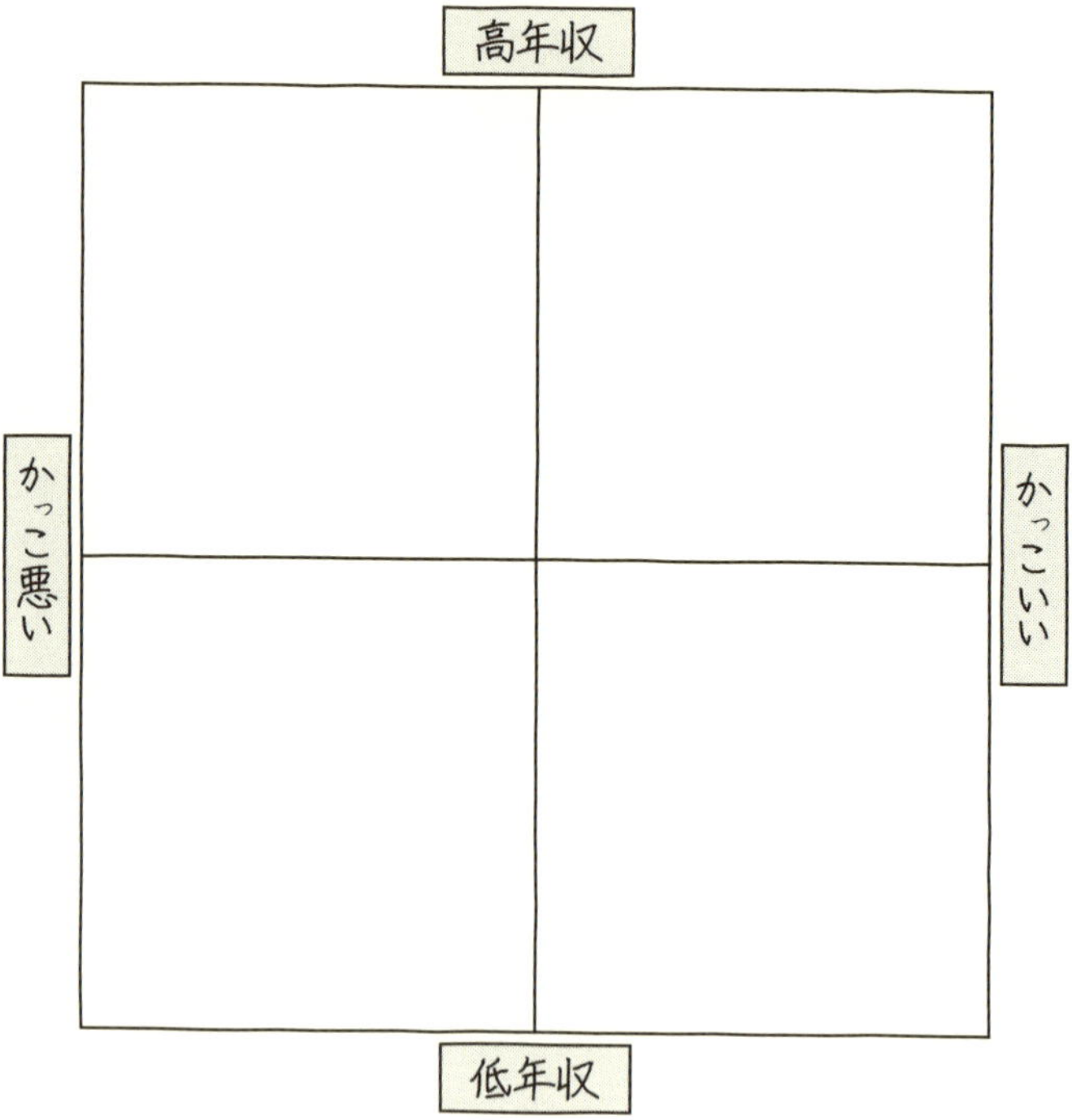

「なんですか、これ？」

チャーシューを頬張りながら、佐々木が美緒に尋ねた。

「佐々木君のポジショニングマップよ」

美緒の言葉に、佐々木は思わず喉を詰まらせて、コップの水を一気に飲み干した。

「シュールなポジショニングマップですね！」

「こういうのを作らないと、佐々木君も『メンメン館』のように閑古鳥が鳴いちゃうわよ」

美緒はそう言うと、笑いながらラーメンを再び食べ始めた。佐々木は自分のポジショニングマップを眺めながら、小声でひとりごとのようにつぶやいた。

「縦軸が『年収』ですか？」

「縦軸が『性格』だと面白くないでしょ。最近の男は、みんな女の子に優しいし、『性格』が基準だと差別化にならないわ」

「僕は、どのへんのポジションになるんですかね？」

心配そうな表情で佐々木が美緒に問いかけた。

「まず、外見は〝かっこ悪い〟に行くわよね」

「……遠慮ないですね」

「で、貯金はあるけれど、食品メーカーだから、そんなに年収は高くない、と」

美緒はそう言いながら、ポジショニングマップの左のマスから、さらにはみ出したノートの端っこに、小さく『佐々木』という文字を書き記した。

「ポジショニングマップからはみ出しているじゃないですか！」

佐々木が真顔で美緒に突っかかった。

「しょうがないじゃない。現実なんだし」

美緒は笑いながら佐々木に「コショウ取って」と言って、右手を伸ばした。

「僕、こんなポジションじゃ、結婚できないですね」

「大丈夫よ。出世して年収上げて、ダイエットしてメンズエステにでも通えば、一気にポジションは上がるわよ」

美緒はそう言うと、ノートの隅に書いた『佐々木』という文字に二重線を引いて、代わりにポジショニングマップの右上のマスに『佐々木』と書いて、丸で囲った。

それを見て、佐々木はホッとした表情を浮かべて、美緒に問いかけた。

「ポジショニングマップを見れば、自分たちが競合他社に勝つために、何をすればいいのかがなんとなく見えてきますね」

「ビジネスの場合、客観的にやらなくてはいけないアクションが見えてくるから、マーケティングの戦略を立てるときにはポジショニングマップを作ったほうがいいわよ」

美緒の回答に、佐々木はラーメンをすすりながら「ところで」と言葉を発した。

「部長のポジショニングマップは、どうなっているんですか？」

「はぁ？　何それ」

「いや、部長もこういうポジショニングマップを作れば、彼氏ができるんじゃないかなぁと思いまして。えーっと、女の人だから横軸は、美人か不細工かで、縦軸は、やっぱり料理のうまさですかね？　それとも、共働きの時代だから女性も年収ですかね？」

佐々木が問いかけると、美緒は「知らないわよ！」と怒鳴って、佐々木のラーメンの中に持っていたコショウを目一杯振りかけた。

佐々木は「何するんですか！」と絶叫したかと思うと、コショウが鼻の中に入ったのか、店内に大きなクシャミを響かせた。

【コラム③】ポジショニングマップが作りづらいネットビジネス

インターネットのように、1つだけの市場に無数に競合店が存在してしまうと、ポジショニングマップが非常に作りづらくなります。理由は、どこのポジションにも似たようなネットショップが存在してしまい、ポジションに隙がなくなってしまうからです。また、参入障壁が低いため、次々に新しい競合会社がネット上に生み出されてしまうので、ポジショニングマップが廃れやすいということも、マーケティングがしづらい要因の1つと言えます。お客さんは検索キーワードや価格条件を入力することによって、瞬時に欲しい商品やサービスに行き着いてしまうので、類似のお店の商品やサービスを見てもらうチャンスがなくなり、なおさら力のない企業はビジネスチャンスを失ってしまうのです。

しかし、ポジショニングマップが作りづらいということは、ネットビジネスそのものがマーケティングの戦略が立てづらい市場になってきていると言えます。これはある意味、ネットビジネスが「売り方」ではなく、「商品力」や「仕組み作り」という根本的なところで差別化していく時代に変わりつつあるという証明なのかもしれません。

今後、中小企業は競合他社に負けない商品開発や、オリジナリティのある仕組みを用いてネット市場で戦っていかなくてはいけません。SEO対策やキーワード広告等の小手先の販促では、売上を伸ばすことが難しい時代になりつつあるのです。

第4章

「4P」と「PPM」を使って市場で一人勝ちする方法

〜「売れない製品」を市場に投入しないための戦略と考え方〜

■商品から宣伝までの流れを〝4つの「P」〟で解説

「あれ、佐々木さん、いないんですか?」

茜は周囲を見渡しながら、美緒に尋ねた。

「今日は打ち合わせに出て、そのまま直帰よ」

美緒はオフィスにあるホワイトボードの行動予定表を指差した。

「佐々木君に、なんか用事でもあったの?」

「その逆です。彼がいないほうが話しやすいことがありましてね」

茜はそう言うと、「じゃーん」と大げさな声を発して、小さなメモ帳を取り出した。

「何よ、それ」

「佐々木さんに関する、社内の女子社員の情報を集めてきたんですよ」

茜は自分のイスをコロコロと滑らせながら、美緒の横についた。

「佐々木さん、思いのほか女子に人気なんですよ」

「うそっ! あんなダメ男が」

美緒が大声をあげると、茜は「しっ」と言って口元に人差し指を持ってきた。

「これがマジなんですよ。存在感は薄いし、そんなに仕事もできないんだけれど、陰では『やさしい』とか『かわいらしい』とか言われて、社内の独身女性の間では、なかなかポイントが高いんですよ」

美緒はその話を聞くと、「だんだん面白くなってきたわね」と言って、頬を緩めた。

「美緒先輩、これからどうしましょう。誰か目ぼしい子を引っ張り出して佐々木さんに会わせましょうか？」

「いきなりそんなことやると、逆に墓穴を掘るかもしれないわよ。案外人気はあっても、『彼氏にはちょっと』というタイプの可能性が高いからね」

「さすが、美緒先輩。読みが深い。恋愛番長ですね」

「番長なら、30過ぎまで独身じゃないわよ！」

美緒は茜のおでこをデコピンで弾いた。

「でも、佐々木さんの狙うべきターゲットは、社内の独身女性というセグメントまでは絞り込めたんだけど、次の一歩がなかなか踏み出せないんですよ」

「ここから先は、マーケティングプロセスの最終段階、いよいよ第3ステップ『マーケティングミックスの最適化』に進む必要がありそうね」

美緒はそう言うと、自分の背後にあったホワイトボードに、4つの日本語と英語の組み合わせを書き始めた。

①製品（product）
②価格（price）
③チャネル（place）
④プロモーション（promotion）

「これが、『マーケティングミックス』ってやつですか？」

茜は、口をぽっかりと開けながら、間の抜けた声を挙げた。

「『マーケティングミックス』とは、企業がマーケティング目標を達成するために、コントロールできるさまざまな手段を組み合わせることを言うのよ。どんな①『製品』を作って、どのくらいの②『価格』で、どういう③『チャネル』でお客さんに販売して、どういう④『プロモーション』をするのか、この4つをうまく組み合わせて、商品を売り込んでいくの」

美緒はそう言うと、それぞれの頭文字の「P」のところを丸で囲み、「この4つは『4P』って言われているのよ」と言葉を付け加えた。

「この『4P』はマーケティングを実践する上で非常に重要よ。むしろ、この『4P』を実践するために、マーケティングが存在していると言っても過言ではないわね」

その話を聞いて、茜が「そんなに重要なこと、私に理解できるかしら」と不安そうな声を挙げた。すると美緒は「大丈夫よ。重要だけど、言っていることはそんなに複雑じゃないから」と言って、優しい笑みを顔に浮かべた。

「でも、このマーケティングの『4P』っていうのが、佐々木さんの婚活と、どういう繋がりがあるんですか?」

茜の質問に、美緒は「実は大アリなのよね」と言って、言葉を続けた。

「まず、現在の佐々木君を『標的市場』、つまり社内の女子たちにそのまま突き出しても、おそらく『友達でいましょう』で終わってしまうわよね。だから、このマーケティングミックスを活用して、社内の女子にモテモテの男に変身させてから市場に投入するのがベストだと思うのよ」

茜が「なるほど！」と言って、パンと手を叩いた。

■実はわかっていない自分の会社の「製品」のこと

「この4Pで言うところの①『製品』が佐々木さん〝本人〟だとすれば、まず外見や中身の改善をすればいいんですね」

「その通り。そして②『価格』は男としての価値。③『チャネル』は佐々木君を女の子たちに供給する流れで、④『プロモーション』は佐々木君を宣伝するシチュエーションの設定ってところかしら」

美緒は何かの商品をマーケティングするような感覚で、佐々木の存在の解説を始めた。

「でも、外見と中身って、製品みたいにそう簡単に変えることができるかしら」

茜が心配そうな顔をしながら言った。

「そこを効率よく〝売れる製品〟にしていくために『4P』があるのよ。このマーケティングミックスの『4P』に関しては、1つひとつの『P』を解説しながら、問題をクリアしていくしかないわね。今日はまず、最初のPの『製品』からやってみましょう」

美緒はそう言うと、ホワイトボードに2つの言葉を書き記した。

① 物理的特性による分類
② 用途別分類

「一口に『製品』と言っても、いろいろな分類があるのよ。まず、①の『物理的特性』というのは、たとえば、日用雑貨のように短期間で消費されて買い替えが激しいものもあれば、家具や自動車のように一度買ってしまえば、しばらく買わなくていいものもあるわよね」

「つまり、実際に目に見えてわかる製品全般ということですね」

「その通り。他にもこの分類には、ホテルや経営コンサルティングなどのサービスも含まれるのよ」

茜は「じゃあ、この②の『用途別分類』って何ですか?」と言って、ホワイトボードを指差した。

「これは、さらに『生産財』と『消費財』の2つに分類されるのよ。『生産財』とは、生産によって利益を上げるために企業で消費、使用するもの。『消費財』というのは、日常生活のために、最終消費者が消費するものを言うのよ」

「『消費財』のほうが私たちにとって身近ですね」

美緒は茜の言葉にうなずくと、ホワイトボードにさらに言葉を書き記した。

> ① 最寄品
> ② 買回品
> ③ 専門品

「私たちにとって身近な『消費財』は、この3つに分類されるのよ。①の『最寄品』は、習慣的に購入するもので、高い購入頻度が特徴。②の『買回品』は、比較しながら買うもので、あんまり購入頻度は高くないわね。③の『専門品』は、購入頻度は低いけれども、その商品を必ず〝指名買い〟するものね。わかりやすく言えば、ブラン

本書で書き切れなかった
売上アップのノウハウが無料で手に入る!

無料進呈

竹内謙礼が毎週発行しているメールマガジン「ボカンと売れるネット通信講座」に登録すると、本書で書き切れなかった売上アップのノウハウを無料で購読することができます。**販促企画、販促キャッチコピーのことが手に取るようにわかる情報が満載**ですので、ぜひ、今後の販促にご活用いただければと思います。

無料購読できる主なノウハウ

▶価格を安くして売らなくてよい方法
▶決算書を見て「わかったふり」ができる5つのポイント
▶顧客獲得コストを50%下げる方法
▶投資した宣言広告費を無駄にしないキャッチコピーの作り方

などなどノウハウ多数

ノウハウの入手方法

竹内謙礼の公式ホームページで、メールマガジン登録後に、追加パッケージがダウンロードできるURLのお知らせが届きます。この無料ノウハウプレゼントは期間限定企画となりますので、予告なく終了する可能性があります。
お早めにアクセスしていただければ幸いです。

ヤフーかGoogleで、

「竹内謙礼のボカン」と検索してください。

1番目に「竹内謙礼のボカンと売れるネット通信講座」のホームページが表示されます。

竹内謙礼のボカン　検 索

URL＝http://www.e-iroha.com

※上記のサイトで収集した個人情報は有限会社いろはにて厳重に管理し、取得の際に示した目的のみに使用します。個人情報を無断で第三者に提供することはございません。

ド品なんか、この『専門品』に分類されるわね」

茜が「私、ブランド品、大好き！」と叫んだが、美緒はこの言葉を無視するかのように、淡々と説明を続けた。

「これらの製品をどうやって組み合わせれば、セグメントした『標的市場』に対して適正であるかという『プロダクトミックス』を検討することができるのよ」

「美緒先輩、今言った『プロダクトミックス』って何ですか？」

「売り手側のすべての商品やラインの組み合わせのことよ。家電メーカーなんか、いい例なんじゃないかしら。掃除機があって、冷蔵庫があって、テレビがあって、いろいろな商品が組み合わさって、それで企業が成り立っているでしょ」

茜は美緒の話を聞きながら、首を上下に大きく振りながら「うんうん」とうなずいた。

「このプロダクトミックスをちゃんとやっておけば、企業が市場において、継続的に安定した売上を確保できるようになるのよ」

美緒はそう言うと、ホワイトボードに新たな言葉を描いた。

①幅
②長さ
③深さ
④一貫性

「なんですか、これは？」

「『プロダクトミックス』を実行するためには、この4つの軸から戦略を選定しなくちゃいけないのよ。①の『幅』は商品の系列、②の『長さ』は商品品目、③の『深さ』はバリエーション、④の『一貫性』は各製品ラインの機能やチャネル間の関連性ね」

茜は、話がだんだん複雑になってきたからか、自分の座っているイスをぐるぐると回し始めた。

「……飽きちゃったのね」

美緒がため息をつく。

「だって、ぜんぜん佐々木さんの婚活の話にならないんだもん」

茜の言葉に、美緒は「これからよ」と言って、茜が回しているイスを足で止めた。

「確かに佐々木君は、見た目はダメかもしれない。でも、彼をメーカーにたとえて、『プロダクトミックス』を用いて考えれば、良い面と悪い面が相殺されて、モテる男として見られるかもしれないわよ」

「なるほど。佐々木さん、見た目はダメ男だけど、貯金は持っているし、性格は優しいから、その辺のメリットと組み合わせれば、それなりにポイントの高い男性として評価されるかもしれないですからね」

「そうよ。だから、外見は〝めちゃくちゃいい男〟にしなくても、〝ちょっとだけいい男〟にするだけでいいのよ。後は、女の子とつきあった経験が浅いから、そこらへんの知識を植えつけてあげれば、それなりに市場に投入してもライバルと戦える〝製品〟になると思うわ」

■プロダクトライフサイクルからわかる商品の〝攻め方〟

美緒はそう言うと、「そしてもう1つ、私がさっきの茜の話を聞いて、佐々木君に

図11　プロダクトライフサイクル

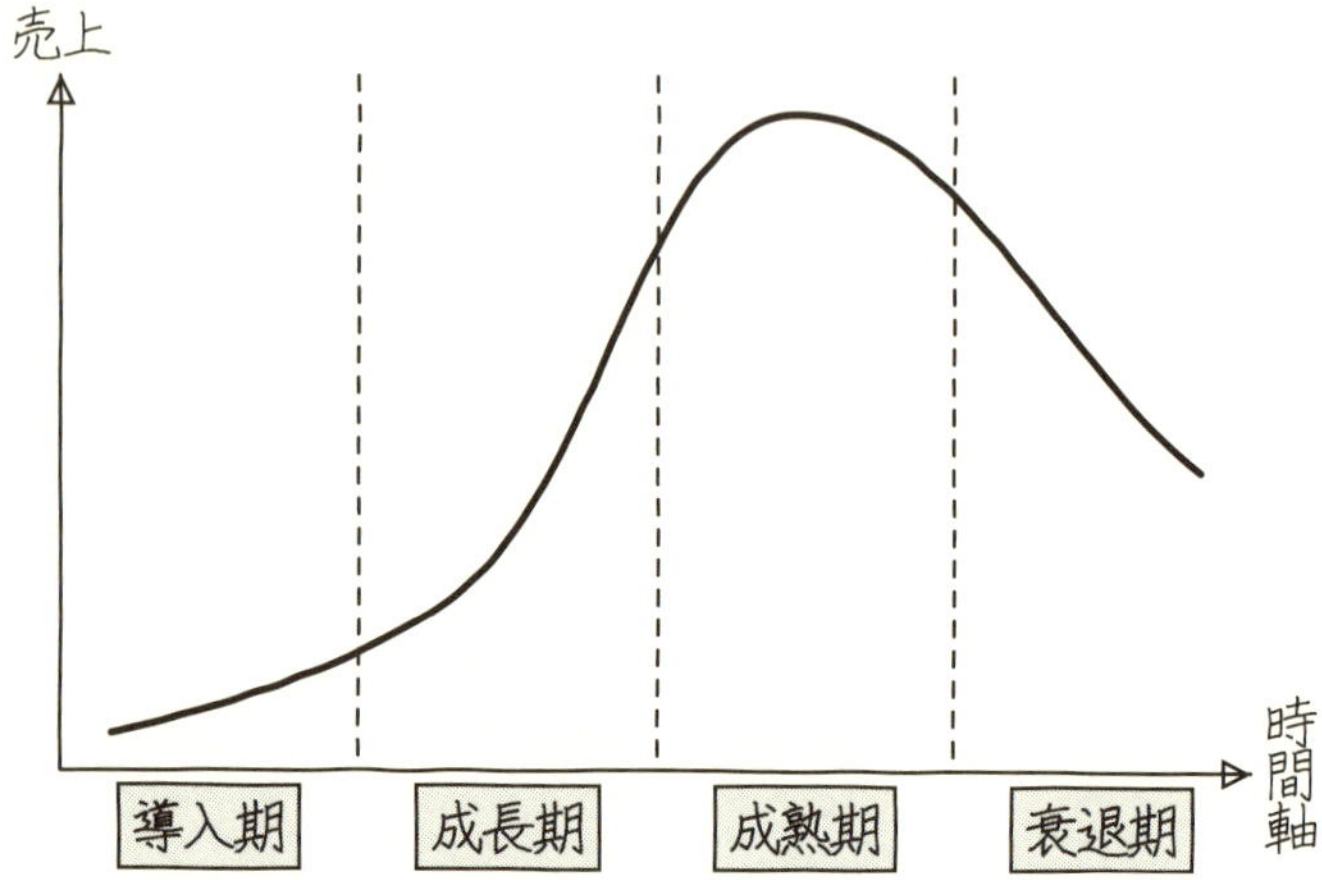

対して〝意外〟だと思ったことがあるのよ」と言って、ホワイトボードに曲線を描き始めた。

「これは『プロダクトライフサイクル』と言ってね、製品の導入から衰退までの一連の流れを表したものなのよ」

茜は前のめりになって、「あー、これは知ってます！」と言って言葉を繋いだ。

「新商品の『導入期』っていうのは、そんなに売上ないですからね。そして商品が少しずつ売れて『成長期』に入って、どんどん売上が伸びていき、最も売れる『成熟期』にはピークを迎えて、最後はブームが去って『衰退期』に入っていくんですね」

「その通りね。だから、1つの製品といっ

ても、それぞれの時期によって、売り方や戦略は大きく変わってくるのよ。たとえば、『導入期』だったら知名度を上げるのに広告宣伝費がたくさんかかるし、『成熟期』に入ると、競合も増えるからパッケージやプロモーションで差別化を図る必要もあるわよね」

ここまで美緒が一気に話したところで、茜が「『衰退期』は、どうやって攻略すればいいんですか？」と質問を投げかけて来た。

美緒は「そこなのよね」と言って、「衰退期」と書かれた文字をグルリと丸で囲った。

「売上高と利益が急速に減退する時期だから、早めに撤退か継続かを判断しないと、命取りになるわよね。どちらにせよ、新たな戦略を立てる必要がある時期ね」

美緒の話を聞いていた茜がうなずきながらも、「ところで美緒先輩」と、質問を振ってきた。

「さっき『意外だと思ったこと』って言ってましたけど、何が意外だったんですか？」

「佐々木君を商品にたとえた場合の『プロダクトライフサイクル』よ」

美緒はそう言いながら、「衰退期」のところに、赤いマジックで線を引いた。

「最初、私は佐々木君の今の時期を『衰退期』だと考えていたのよ。もう男としての魅力は下降線をたどっていると思っていたの」

茜が身を乗り出して話に食いつき始めた。美緒が言葉を続ける。

「ところが、社内の女子からもそこそこ人気があって、実は結構な貯金も持っていて、性格もまぁまぁ悪くない。磨きようによっては、十分にいい男になる可能性はあるということね」

話を聞いていた茜が興奮気味に立ち上がると、プロダクトライフサイクルの『導入期』のところを指差した。

「つまり、佐々木さんは、今、ココってことですね！」

茜の言葉に、美緒はニヤリと笑って大きく首を縦に振った。

「まだまだ、彼は市場に投入されたばかりのホヤホヤの〝新製品〟なのよ」

■その商品は「金のなる木」か？　それとも「問題児」か？

「でも、美緒先輩」

茜が首をかしげながら美緒に話しかけた。

「佐々木さんには、良いところもあり、悪いところもあって、それらを『プロダクトミックス』すれば、魅力のある男性になるということはわかりました。あと、佐々木さん自身を『プロダクトライフサイクル』に当てはめれば、現時点は『導入期』であり、ダメ男からの脱出も十分可能だということも理解しました。でも、佐々木さんのどんな魅力を伸ばしていけばいいのか、そのあたりが具体的にわからないですよ」

茜は右手でボールペンを器用にクルクルと回しながら、言葉を繋いだ。

「もうちょっと佐々木さんの長所と短所がわかれば、私たちもいろいろ手伝うことができると思うんですけどね」

美緒はその話を聞いて、「それだったら、こうやって情報を整理したらどう？」と言って、ホワイトボードにマトリックスを書き始めた。

「なんですか、この奇妙な図は？」

「『プロダクト・ポートフォリオ・マネジメント』よ。これらの英文字の頭文字だけをとって『PPM』っていうのよ。縦軸は成長率を差して、横軸は市場における相対的なマーケットシェアを差すの」

茜は難しそうな顔をしながら、明らかに理解していないような声で「はぁ」と答えた。

美緒も、この段階で茜がPPMを理解できるとは思っていなかったので、丁寧に1つひとつ説明を始めた。

「このマトリックスはね、複数ある製品や事業を組み合わせて、経営資源を最適化させるための考え方の1つなの。まず、左上の『花形製品』というのは、マーケットのシェアが高くて、市場成長率も高い商品ね」

「なるほど、だから〝花形〟なんですね」

「次にその下の『金のなる木』というのは、成長率は低いけど、マーケットシェアが高い商品を言うのよ」

美緒の説明に、茜は、「『金のなる木』なんて、うまく言いましたよね」と言って笑い出した。

「右上の『問題児』っていうのは、市場成長率は高いけど、シェアが低い商品のことよ。で、右下の『負け犬』っていうのは、さらにたちが悪くて、市場成長率も低くて、シェアも低い商品のことを差すのよ」

図12 PPMのマトリックス

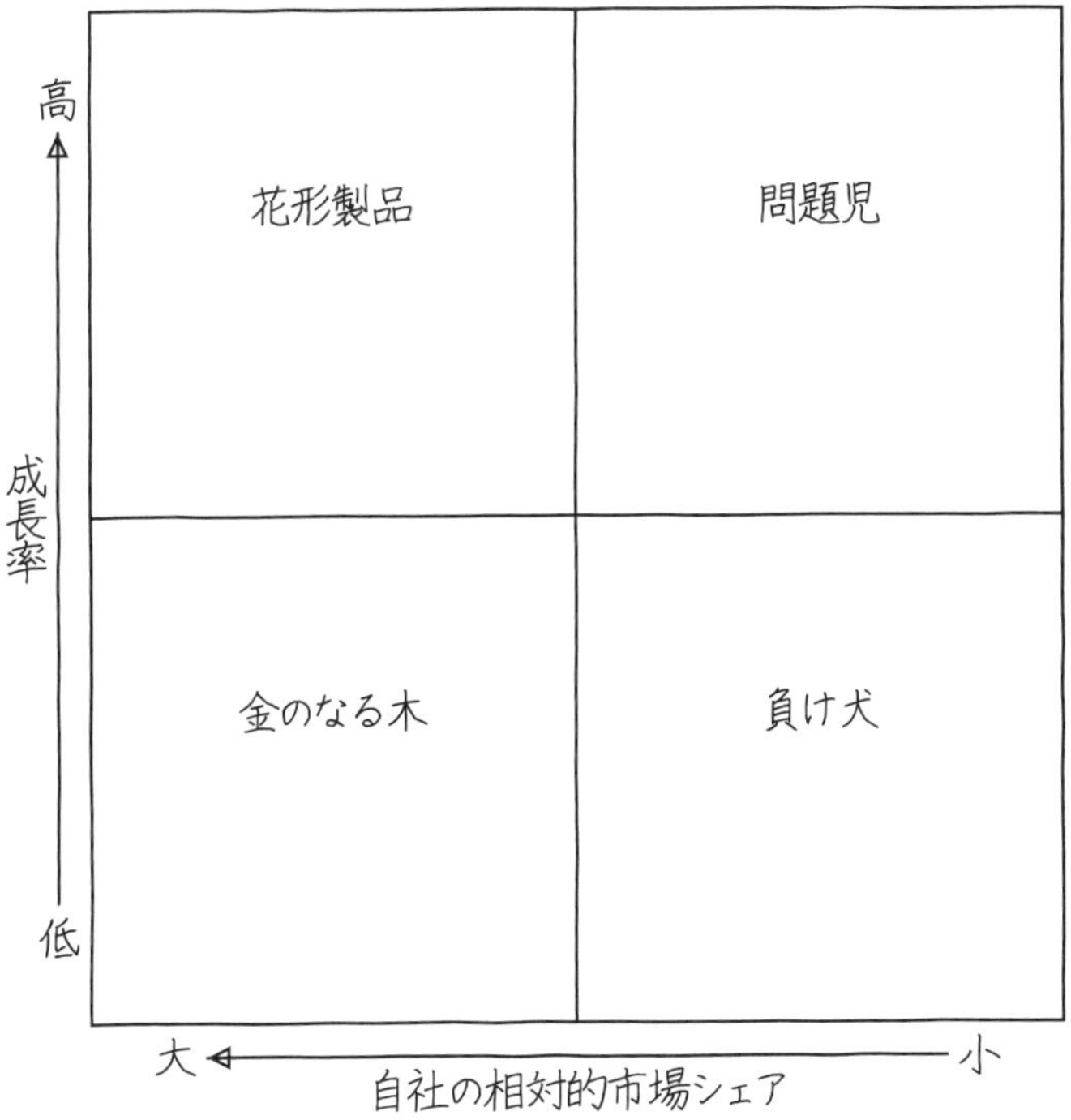

茜は「うんうん」とうなずきながらも、いまひとつ腑に落ちない顔をしながら、浮かない顔をしていた。

「理解できた？」

美緒の問いかけに、茜は「わかったような、わからないような」と言って、首を斜めに傾けさせた。

「実際にハマグリ缶詰の商品にたとえて説明したほうがよさそうね」

美緒はそう言うと、茜に「うちの会社の缶詰で、一番の花形製品って何かしら？」と問いかけた。

「そりゃあ、美緒先輩が昨年プロデュースした『夕張メロン缶詰』ですよ。果物の缶詰の中ではシェアは取れているし、最近ではスイーツ店からの注文も多いですからね。成長率も高くて、シェアも大きいといえば、『夕張メロン缶詰』がぴったりですよ」

美緒はそう言われて、「花形製品」のところに、「夕張メロン缶詰」と書き記した。

「じゃあ、『金のなる木』の商品はなんだと思う？」

「『金のなる木』って、成長率は低いけど、シェアが取れている商品のことを言うんですよね。それだったら、うちの会社が昔からずっと出しているロングセラーの『ハマグリ缶詰』じゃないですかね。そんなに売上は伸びていないけど、貝の缶詰だったらシェアはかなり押さえているから、うちの会社が安定した売上を毎年出せるのは、この缶詰のおかげだってところはありますよね」

美緒は「金のなる木」の項目に「ハマグリ缶詰」と書くと、すぐに茜に「次は『問題児』ね」と問いかけた。

「『問題児』は成長率は高いのに、シェアが取れていない商品ですよね。それだったらコレじゃないですか」

茜はそう言いながら、自分でホワイトボードに書いたマトリックスの「問題児」の枠に「100円缶詰」という言葉を書き記した。

「なるほどね。最近は一人暮らしや独身者が多いから、缶詰の需要が少し高まりつつあるけど、反面、安い缶詰をうちの会社はあまりリリースしていなから、そこは他社にシェアを取られてしまっているところはあるわね」

「老舗の企業としての〝看板〟も大事だと思うんですけど、もう少し、価格競争で勝てる缶詰があってもいいと思うんですよね」

茜は自分の言っていることに、自分で納得するかのように「うんうん」と言いながら、何度もうなずいていた。

「じゃあ、最後の『負け犬』ね。これは、市場の成長率も低くて、シェアも取れていない商品のことね。なんか思いつくかしら」

美緒の問いかけに、茜はしばらく唸り続けたが、とっさに「アレだ！」と言って、『負け犬』の枠にマジックを走らせた。

「『コンビーフ缶詰』ですよ。以前、社長が『缶詰のレトロブームが必ず来る！』とか言って、復刻版でコンビーフ缶詰を発売したじゃないですか。でも、あれ、ぜんぜん売れなかったですよね」

美緒は笑いをこらえながら「まったく売れなかったわね」と言って、口元を押さえた。

「しかも、コンビーフって、今の人、あんまり食べないじゃないですか。だから、今後の市場成長なんて考えられませんよ。さらに、老舗のコンビーフ缶詰のメーカーが、すでにシェアを完全に押さえちゃっているから、新規参入しても、シェアを取り崩していくのは不可能だと思いますよ」

茜の回答に美緒は「よくわかっているじゃない」と言って、改めてＰＰＭのマトリ

図13　ハマグリ缶詰のPPM

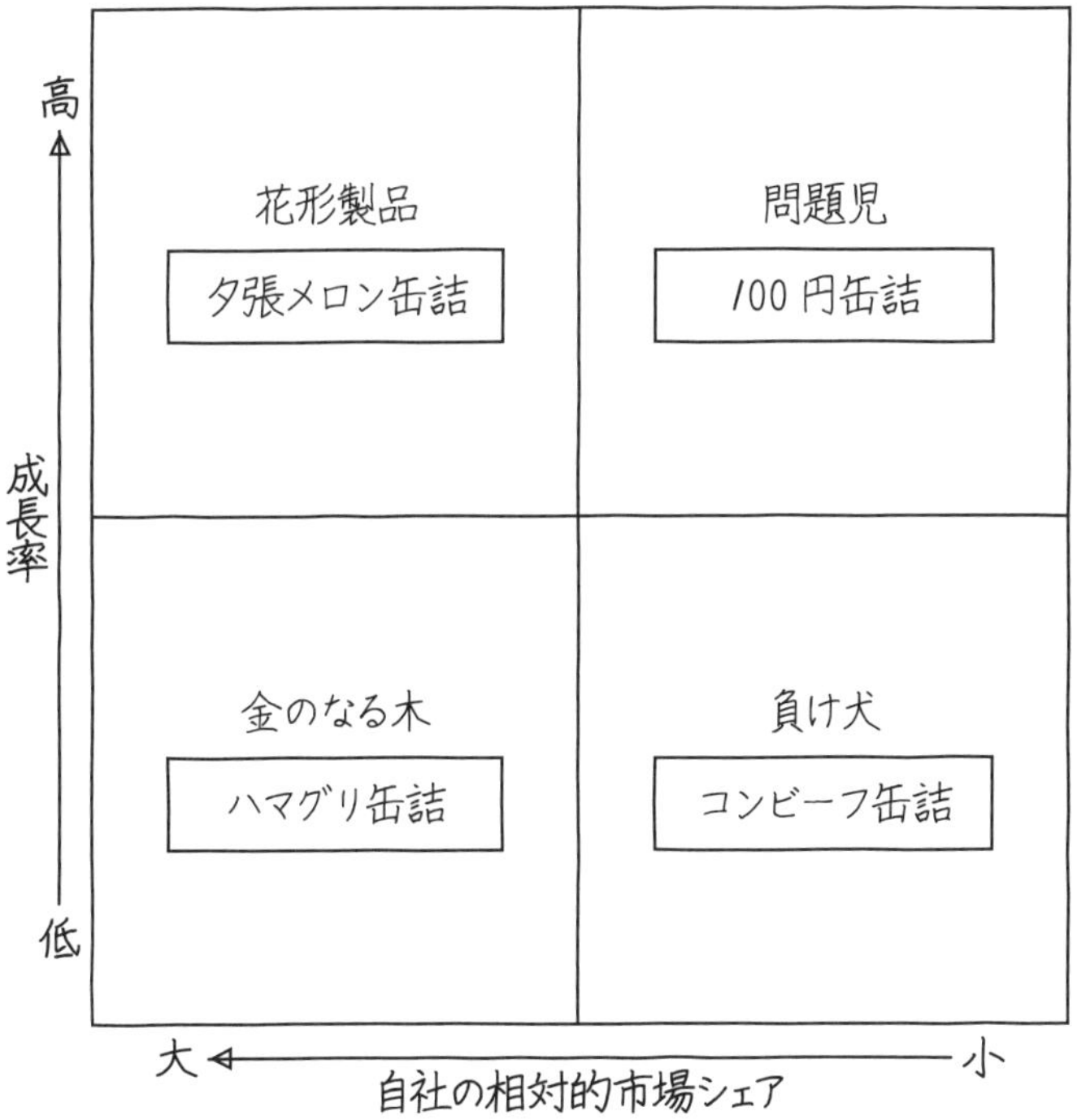

ックスを指差した。

「こうやってＰＰＭに書き込むと、各商品をどうやって最適化していけばいいのか、わかったでしょ」

茜は、ＰＰＭのマトリックスを見て「わかった、わかった」と言いながら飛び跳ねた。

美緒は喜ぶ茜の姿を見ながら、さらに話を続けた。

「このマトリックスを見れば、何の製品の販売に、どのように力を入れていけばいいのかわかるはずよ。たとえば、『金のなる木』のハマグリ缶詰で得たキャッシュを、『問題児』の100円缶詰の製造販売に投資して、それで低価格缶詰のシェアを広げていけば、今、うちの会社が抱えている問題は解決するわよね。

「そうすれば、『問題児』扱いだった100円缶詰も、いずれ夕張メロン缶詰のような『花形製品』にシフトしていく可能性が出てきますよね」

「そうなると、『負け犬』にいるコンビーフ缶詰はどうすればいいかしら？」

美緒の質問に、茜は間髪入れずに、「撤退！」と力強く言った。

「だって、投資しても成長性も低くて、シェアも取れない商品だったら、続けていても意味がないですよね」

「確かにね。よほど社会的意義があったり、ブランディングの意味があったりすれば、こういう売れない商品でもラインナップさせておく必要があるかもしれないけど、販売だけが目的だったら、こういう『負け犬』に属してしまった商品は、傷が深くなる前に撤退したほうが正解よね」

美緒はそう言うと、「コンビーフ缶詰」のところに、大きく×印をつけた。

「こんな感じで、『ＰＰＭ』は、会社の経営資源を、どのように有効に分配すればいいのかポートフォリオを組む上で必要な考え方なのよ」

「この『ＰＰＭ』と、佐々木さんをモテ男にするための改善策が、どう関係してくるんですか？」

茜の質問に、美緒は「佐々木君の『ＰＰＭ』をまずは作ってみるのよ」と言って、新たな『ＰＰＭ』に佐々木の特徴や性格などを書き記した。

「佐々木君の持っている〝限られた経営資源〟を、どうやって有効に使ってポートフォリオを組めばいいのか考えたんだけど、どうかしら」

美緒が『ＰＰＭ』を書き終わったとたん、茜は腹を抱えて笑い始めた。

「この『PPM』、ちょー面白いんですけど！」

美緒は「やっぱりそうかしら」と言って、茜と一緒に笑い出した。

「確かに佐々木さんの『花形製品』は、〝貯金1000万円〟ですよね。貯金の多さを好む女性は、今後も増えていくはずですから成長率も高いと思いますし、うちの会社の男性社員で、1000万円の貯金を持っているのは珍しいですから、ある意味、堅実な男性を好みとする女性のシェアは、大きく押さえたところがありますよね」

美緒は「『金のなる木』はどう？」と、さらに茜の意見を求めた。

茜は「美緒先輩、さすがだと思いました。ここが絶妙なんですよ」と言って、腕を組んで感嘆の声をあげた。

「佐々木さんの優しさって、実は社内でも気づいている女子社員は多いんですよ。だから、そのシェアは押さえていると思うんです。でも、ずば抜けて、その優しさが武器になるとは限りませんよね」

「今は男性が優しいのは当たり前の時代だし、優しさって、他人と比べにくいから、彼氏にするには、なんとなく決定事項になりにくいのよね。ヘタをしたら友達みたいな感覚から抜け出すことができないからね」

図14 佐々木君のPPM

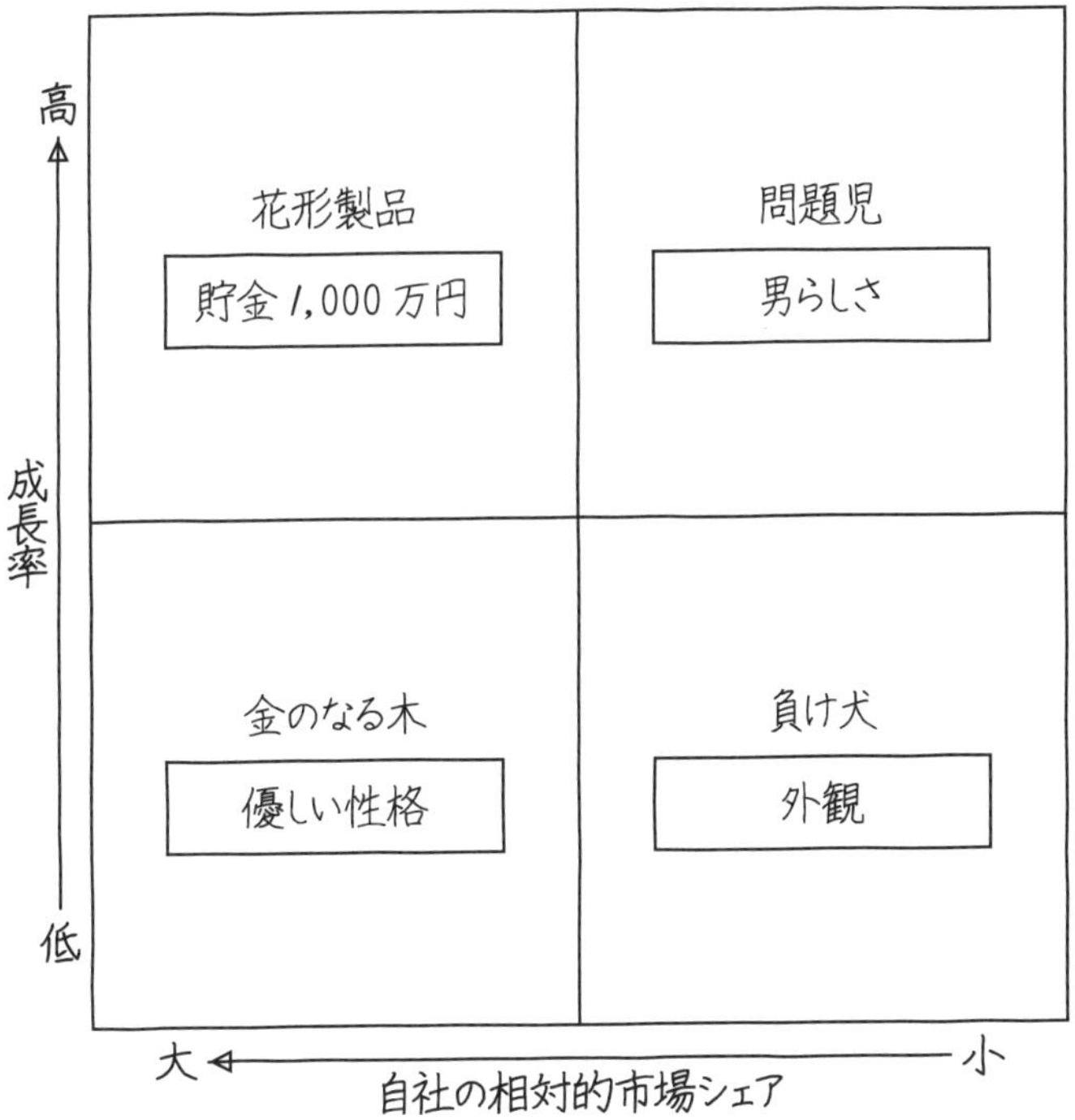

女心が一致したのか、2人は同時に深くうなずいた。

「だけど、安定した佐々木さんの〝長所〟ということもありますから、『金のなる木』に優しさを突っ込んだ美緒先輩は、さすがだと思いましたよ」

茜はそう言うと、今度は表情を引き締めて、「それよりも重要なのは、ここですよね」と言って、『問題児』の枠を指差した。

「やはり『問題児』に『男らしさ』を入れたんですね」

「そうね。正直、『負け犬』に突っ込んだ『外観』とどっこいどっこいだったんだけど、外観って、努力ではどうにもならないと思うのよ」

美緒が自分の眉間を、人差し指で小さく叩いた。

「変わり様もない外観よりも、男らしさは、習慣を改めたり、ちょっと訓練したりするだけで、『金のなる木』に持っていけそうな気がするのよね」

茜は美緒の意見に「同意です」と言って、さらに言葉を続けた。

「どんなに優しい男でも、なよなよして決定力のない人って、やっぱりパートナーとして避けられちゃうと思うんですよ。佐々木さん、そういう意味では、グイグイと引っ張ってくれるイメージは、あんまりないんですよね」

「そうそう。確かに草食系男子で大人しくていいかもしれないけど、最終的には、そういう引っ張る男性のほうに、女性は惹かれたりするのよね」

「それ、わかりますよ。『優しくて男らしい』って、当たり前のように思われるけど、実は両方を兼ね備えている男の人って、あんまりいないんですよね」

茜は、おねだりをする子どものように、体をぐにゃぐにゃと揺らし始めた。

「そういう意味で『男らしさ』は、成長率は高いけど、佐々木君自身はまったくシェアを押さえ切れていないから、『問題児』に入れたのよ。だけど、今の『優しさ』を活かした『男らしさ』をうまく構築することができれば、これは『貯金1000万円』に匹敵する彼の武器になると思うのよね」

美緒は手に持っていたマジックを置いて、自分の席に座った。

しかし、茜は「うーん」と唸りながら、まだ佐々木の『PPM』をじっと見つめていた。

「戦略として、問題でもあるの?」

「いえ、完璧だと思います」

■「負け犬」の製品でも、企業が市場から撤退しない理由

茜はすぐに言葉を返したが、「でも――」と付け加えて、ゆっくりと話し始めた。

「この『負け犬』に突っ込んだ『外観』は、このまま〝撤退〟でいいんでしょうか?」

「しょうがないわよ。我が社の『コンビーフ缶詰』と同じで、シェアを押さえていないし、市場の成長は期待できても、佐々木君の成長が期待できないわ」

「整形でもさせますか」

茜の提案に、美緒はイスから転げ落ちそうになったが、面白い意見だったのでマジメに答えることにした。

「悪いアイデアではないけれど、彼の顔をイジったり、メンズエステに通わせたりしたら、あっという間に貯金の1000万円を使い切ってしまうわよ。そしたら、唯一の経営資源である『花形製品』がなくなってしまうわ」

美緒はさらに言葉を繋いだ。

「それに、仮に佐々木君が整形してカッコよくなっても、外観って、人の好みによっ

てぜんぜん違うじゃない。そうすると、そこは大きな差別化にはならないから、外観はやっぱり花形製品にはならないわね」

茜はその話を聞いて、「やっぱり難しいか」と言って、再び唸り始めた。

「だけど、茜の言う通り、外観に少し手を加える必要はあるわね。ダイエットをしたり、身だしなみを整えたりすることで、男らしさが増す可能性はあるわね」

「そうですよね。ルックスはどうでもいいってわけじゃないですから、今よりもよくする努力は必要ですよね」

茜の言葉に、美緒は「ここは大切なポイントよ」と語気を強めた。

「いくら『PPM』の上で『負け犬』になったとしても、マトリックスの軸にはない、別の角度からの視点で必要な経営資源とわかれば、撤退せずに継続するという判断を下す場合もあるのよ」

茜は美緒の話に納得すると、「〝アレ〟をやるしかないわね」と1人つぶやいた。

「美緒先輩、来月の夏季休暇って、何か予定入ってますか？」

突然の質問に、美緒は「何もやることないわよ」と反射的に答えた。

「じゃあ、佐々木さんと3人で、合宿やりませんか」

「合宿?」

美緒の聞き返しに、茜は無言でうなずくと、席から立ち上がってホワイトボードに大きな字を書きなぐった。

『男度アップ合宿』

茜はパンパンと手の埃を払う仕草をすると、自信ありげな言葉を発した。

「この合宿で、佐々木さんを、ダメ男から変身させましょう!」

【コラム④】なぜ、商品点数を増やしていかなくてはならないのか？

本章で述べたPPMのマトリックスが、都合よく成立している企業はむしろ少ないのが現状ではないでしょうか。ほとんどの企業が、「花形商品」の売上が落ち込み、「金のなる木」の商品では利益が取れなくなり、「問題児」と「負け犬」の商品だけが増え続けています。

しかし、このような状況に陥ってしまうのは、企業の戦略や商品力の問題ではないように思われます。一昔前に比べて、商品の寿命が短くなってしまい、顧客の好みの細分化によって、一商品あたりの売上が小さくなっていることを考えれば、PPMのマトリックスが成立しづらくなってしまうのは、むしろ経済成長を続ける市場での宿命とも言えます。

このような状況を打開するためには、今まで以上に商品のリリース速度を上げていかなくてはいけません。商品点数を増やし、「花形商品」を次から次へと生み出し、「金のなる木」をスピーディに作り出していかなくては、「問題児」や「負け犬」の商品を改善することができないままで終わってしまいます。

高度成長期に構築されたマーケティング理論も、今の時代に合わせて独自に解釈を変えていかなくてはいけないところが多々あります。あくまで、マーケティング理論というのはベースの考え方であり、それを活かすためには、最新の市場状況を加味して、独自のマーケティング理論を構築していかなくてはいけないのです。

第5章

男の「価格」は何で決まる?

〜製品の「価格」をいい加減につけている会社は絶対に儲からない〜

■「ブランド」とは他社と差別化させるための〝目印〟

お寺の長い階段を駆け足で登り切ると、佐々木は大の字になって倒れ込んだ。

「茜さん、もう無理っす！」

佐々木が悲鳴をあげる。しかし、茜は「あともう1往復！」と叫んで、竹刀で佐々木の頭を引っぱたいた。

佐々木は「ひぃ」と甲高い声を上げると、よろめきながら再び階段を降り始めた。

「ちょっとやり過ぎじゃない？」

美緒がポツリと茜に言った。

「ダメです。ここで女々しい根性を変えさせないと」

茜はそう言うと、手すりにつかまりながらよろめいている佐々木に、「走れ！」と大声で怒鳴った。


茜の親戚の寺院で、3日間の『男度アップ合宿』が行われた。

まずは、弱々しい性格を叩き直すために、茜は竹刀を持って朝から佐々木を怒鳴りつけながら走らせた。

「私、佐々木さんが、なんで〝ダメ男〟ってレッテルが貼られたのか、なんとなくわかってきたんです」

茜は、美緒に話し始めた。

「佐々木さんって、優しいし、仕事のミスは多いけれど、人間的にはとてもしっかりした人だと思うんですよ。だけど、〝これだ！〟っていう印象が強く残る人じゃないから、なんとなくダメな人だと思われちゃうんですよね」

「それ、わかるわ。ボーッとした雰囲気があるから、怒りやすい相手だったりするのよね」

「だから、もっと『俺は佐々木だ！』みたいな、インパクトのある人になれば、女の子の持つ印象も大きく変わってくるかと思ったんですよ」

茜はそう言うと、持っている竹刀をぶんぶんと振り回した。美緒は「今の佐々木君には、『ブランド』が必要ね」と言って、ゆっくりと茜に問いかけた。

「会社で『ブランド』って言葉をよく使うけれど、茜、この意味をちゃんと説明できる？」

突然の質問に茜は「ブランド、ですか」と反応すると、「その商品じゃなきゃダメってことですかね」と、自信なさそうに答えた。

美緒は「間違ってはいないけどね」と言って、説明を続けた。

「『ブランド』っていうのは、他の製品と差別化させて、お客さんにとって商品を識別させるための〝目印〟のような役割を持っているのよ」

「あっ、ブランド物のバッグってそうですよね。ヴィトンとかコーチとか、ブランド名を聞いただけで、『これは高級なものだ』というのが、ちゃんと伝わりますからね」

「ブランドは品質保証の証明としても機能するのよ。たとえば、『ハマグリ缶詰』と聞けば、多くの人が『老舗の美味しい缶詰メーカー』って、思ってくれるわよね」

美緒の話に、茜は「えーっ、そうですかね」とすぐに反論した。

「私はハマグリ缶詰といえば、缶詰に描かれたハマグリのロゴが最初に頭の中に浮かびますよ」

「あのロゴは目立つからね」

美緒は「ブランドにはいろいろなものがあるのよ」と言って、小枝を拾って地面に文字を書き始めた。

①ブランドネーム
②ロゴ及びシンボル
③キャラクター
④スローガン
⑤ジングル
⑥パッケージング

「①の『ブランドネーム』というのは、製品のコンセプトを簡潔に表現したものね。たとえば、コカ・コーラが出している『爽健美茶』なんかは、そのドリンクの機能がすぐに伝わるブランドネームとして成功した事例ね」

「②の『ロゴ』っていうのは、さっき私が言ったハマグリ缶詰のマークみたいなものですよね」

「そうね。覚えやすくて読みやすいものがあったり、スターバックスのマークみたいに、シンボルとして世界観を伝えやすいものがあったり、企業の戦略によって、ビジュアル化の方法がそれぞれ違うわよね」

美緒はそう言うと、「③の『キャラクター』と④の『スローガン』は、なんとなくわかるわよね」と茜に問いただした。

「なんとなく。キャラクターは人物をビジュアル化したもので、スローガンはブランドに関する情報を簡潔なフレーズで述べたものですよね」

「その通り。じゃあ、⑤の『ジングル』の意味はわかる？」

「ジングルって……もしかして、〝音楽〟ですか？」

茜がそう答えると、美緒は「正解！」と言って、ある企業のコマーシャルの最後に流れる音楽を口ずさんだ。

「あっ、それ、知ってます。インテルのテレビコマーシャルの最後に流れるやつですよね。〝チャラチャヤチャン〟って音楽」

「そう、これが『ジングル』よ。音楽によるメッセージで、ブランド認知を向上させるのよ。そして最後の⑥の『パッケージ』ね。これは、製品の容器や包装、デザインによって差別化を図るブランド戦略のことよ」

美緒の説明が一通り終わると、茜は「ブランドと一口に言っても、いろいろあるんですね」と感心した言葉を発した。

「で、肝心の佐々木君の場合だけど」

美緒が表情を引き締めて話し始めた。

「今の佐々木君のブランドは『ダメ男佐々木君』というスローガンとなって社内に浸透しているわ」

茜は「最悪なスローガンですね」と言って、頭を抱え込んだ。

「これを覆すために、佐々木君には新しいスローガンが必要なのよ」

美緒はそう言うと、「『イケメン佐々木君』なんてどうかしら」と、真顔で茜に問いかけた。

「ひねりも何にもないじゃないですか。しかもイケメンじゃないですし」

「じゃあ、『ナイスだ佐々木君』は？」

「何がナイスなのかわかりませんよ。美緒先輩、マーケティング部の部長なのに、スローガンを考えるセンスはゼロですね」

茜が顔をしかめる。

「うーん、いつも広告代理店のコピーライターさんに作ってもらっているからね」

「私、この合宿中に考えておきますよ。他にブランドで必要なものってないですか？」

「ロゴもいらないし、キャラクターは本人そのものだからね。ここまで来たらテーマソングでも作ってみようかしら」

「いいですね。佐々木さんが登場すると、必ずその音楽が流れるってシャレてるじゃないですか」

「私、映画『ジョーズ』の音楽とかいいと思っているんだよね。〝じゃんじゃんじゃんじゃんじゃんじゃん〟って、どんどん音が大きくなるの」

そう言うと2人は「きゃーっ」とわざとらしい悲鳴をあげてから、同時に大声で笑い出した。

■「価格」は自分たちの都合だけで決めてはいけない

茜は、鉢巻きをして正座する佐々木に、「次の問題です」と大声で叫んだ。

「相手の女性がハイヒールを履いて階段を上っています。あなたはどうしますか？」

佐々木は「えーっと」と腕を組んで考えてから、「歩きづらいから手を引っ張ってあげる」と自信ありげに答えた。

茜は「ぶぶーっ」と言って、竹刀で佐々木の頭を引っぱたいた。

「ハイヒールを履いて階段で手なんか引っ張られたら、つまづいちゃいますよ。男の人は女性が倒れちゃいけないから、やや後方で歩いて、軽く手で支えてあげるんです」

佐々木は「なるほど」と言って、早速、ノートに茜のアドバイスをメモした。

「じゃあ、次の問題です」

茜が、問題を出そうとすると、佐々木が「ちょっと待ってください」と言って、言葉をさえぎった。

「このデートの常識問題って、何問あるんですか？」

佐々木が小声でそう聞くと、茜は「50問」と短く答えた。

「そんなにあるんですか！」

「これでも少ないぐらいですよ。ここでデートの常識をマスターしないと、彼女ができたとたんに3時間ぐらいでフラれちゃいますよ」

「でも、デートになったら、ありのままの自分をさらけ出せば――」

佐々木が言葉を続けようとしたとき、美緒が「それは違うわ」と言って、茜と佐々木の会話に割って入ってきた。

「〝ありのまま〟なんてダメよ。自分の価値を自分自身で高めなければ、市場で高い〝価格〟で自分のことを売ることができないわよ」

美緒はそう言うと、茜のほうに話を振った。

「以前、私が『4P』の話をしたの、覚えてる?」

「ええ、確か、マーケティングミックスと言って、①製品（product）、②価格（price）、③チャネル（place）、④プロモーション（promotion）の4つの手段を組み合わせて、佐々木さんをいい男にしようっていう計画でしたよね。その4つの英単語の頭文字だけをとって、『4P』だって美緒先輩が言ってました」

「今まで佐々木君をいい男にするために、『PPM』を作ったり、ブランド戦略を考えたりしてきたけれど、これはすべて①の『製品』についてやってきたことなの。これからは、②の『価格』について学んで、佐々木君をいい男にしていくのよ」

美緒は正座する佐々木の前に立ち、「ねぇ、商品の『価格』って、どうやって決まるか知ってる?」と問いかけた。

「『価格』ですか。えーっと、企業がどれだけ利益を出したいかで決まるんじゃないですか？」

「それだったら、みんな利益が欲しいから、世の中で売られている商品のすべてが、ものすごい高額になっちゃうわよ」

「うーん、そうなると、周りで売られている商品を見ながら、価格を決めますかね」

佐々木の回答に、美緒は「ちょっと違うわね」と言うと、佐々木がメモをしていたノートを取り上げて、そこに文字を書き込んだ。

需要＞供給　価格上昇
需要＜供給　価格低下

「価格は、需要と供給のバランスによって決定されるのよ。価格が安ければ、売り手側は売り惜しみをして、買い手側が殺到して値が吊り上がるわ。でも、反対に価格が高すぎてしまうと、今度は売り手側が殺到するけど、買い手側が不在のまま、見切売りをせざるをえない状況になってしまうのよ」

「昔流行った〝たまごっち〟っていうゲーム機に似ていますね」

佐々木がぼそっと言った。

茜が「何それ？」と聞き返すと、佐々木はゆっくりと話し始めた。

「１９９０年代の後半に、バンダイから出た小さなゲーム機で〝たまごっち〟っていうのがあったんですよ。大ブームになって、一時期は白いたまごっちが10万円で取引されるぐらいの人気になったんです」

「まさに需要が多いのに、供給が少なくなった事例ね」

美緒の相づちに合わせて、さらに佐々木は話を続けた。

「ところが、数ヶ月後には一気にブームは沈静化して、街には大量のたまごっちが売れ残ったんです。誰も欲しがらないから、最後はタダ同然の価格で売られていました」

「でも、このたまごっちの事例からも、『価格』は自分たちで決めるものじゃなくて、需要と供給のバランスによって決まることだということがわかったわよね」

美緒の言葉に佐々木と茜がコクリとうなずいた。

「さらに、『価格』は世の中の影響をいろいろ受けながら変化していくのよ。需要の動向をはじめ、競合企業の動向や消費者の価値観、自社コストや法的規制などの要因によって、『価格』は大きく変わっていくの」

「そうなってくると、『価格』の決め方っていうのは、意外に複雑になっていくんですね」

佐々木が難しそうな顔をして腕を組んだ。

「だから、企業は常に『価値』を最大化することを考えながら、物事を決定しているのよ」

美緒の話を聞いて、佐々木と茜は同時に「価値？」という言葉を発した。

「たとえばだけど、世の中でうちだけが『缶詰』という商品を提供できるのであれば、ものすごい高い価格をつけて販売することができるわよね」

「そうですね。誰も扱っていないんですから、1個1万円で売ってもいいですよね」

茜が淡々と答えた。

「でも、もしライバル会社が登場して、同じような缶詰を売り始めたらどうなると思う？」

「そりゃあ、価格競争になるから、うちの会社も安く缶詰を売り始めますよ」

佐々木がサバサバとした回答で美緒の質問に答える。

「相手の会社も、負けじと価格を下げてくるわよね。そうなると、どんどん利益が削られていって、最後はどうなるかしら」

佐々木はしばらく考えてから、小声で「おそらく、最後は利益がゼロになっちゃいますね」と静かに言った。

「その通り。だから企業はこのような厳しい価格競争に陥る前に、『優位性を持つニーズ』を探し出して、その中でも特に参入障壁が高く、簡単に競合が参入できないようなものを探し出さないといけないのよ」

「『優位性を持つニーズ』さえ見つかれば、高い価格をキープできるけれど、それが見つからなければ、競合商品が増えて価格競争に巻き込まれるんですね」

「かといって、『優位性を持つニーズ』なんて、そう簡単に見つからないものよ。だから、企業は価格に対していろいろな戦略を練っているのよ。たとえば、マーケットを早々に奪取するために、赤字覚悟で低価格商品を市場に投入したり、98円とか1万9800円みたいな、端数価格を取り入れてお得感を演出したり、価格を調整することで、企業の売り方の戦略は大きく変わってくるのよ」

「そう考えると、在庫一掃セールや、商品をセット売りするのも、価格調整の1つですよね」

　茜が思い出したように言葉を発した。

「価格を守るために、企業はいろいろ苦労しているんですね」

　佐々木がそう言うと、美緒は「男も同じよ」と短く言った。

「男としての優位性のニーズがしっかりあれば、女の子は高く評価してくれるわ。でも、どこにでもいるような男だったら、女の子は特別な意識を持って接してはくれないでしょ」

「だから、他の男に負けないように、今、私は女性のハートをわしづかみにするデート術を佐々木さんに叩き込んでいるんじゃないですか！」

　茜が得意げに話に入り込んできた。

　佐々木は「うんうん」とうなずくと、「僕も、うかうかしてられませんね」と力強く言って立ち上がった。

「茜さん、がんがん問題を出してください！　未来の彼女のために、僕、頑張ります！」

　佐々木はそう言うと、鉢巻をギュっと締めなおした。

■チャネルを理解すると、自社に適した流通手段がわかる

「かんぱーい」

合宿を終えた3人は、ささやかな打ち上げパーティを行った。

テーブルの上に並べられたのは、野菜の漬物とお惣菜、そして缶ビールという質素なものだったが、充実した3日間をすごした3人は、満足そうにコップを重ね合わせた。

「佐々木さん、この合宿で本当に男らしくなりましたよ」

茜が、佐々木にビールを注ぎながら話しかけた。

「部長をはじめ、茜さんの厳しい指導のおかげです。本当にありがとうございます!」

「お礼は、彼女ができてから言ってよね」

美緒が手酌でビールを注ごうとすると、慌てて佐々木が駆け寄り「ありがとうございます」と頭を下げてビールを注いでくれた。

「ところで、美緒先輩」

図15　チャネル

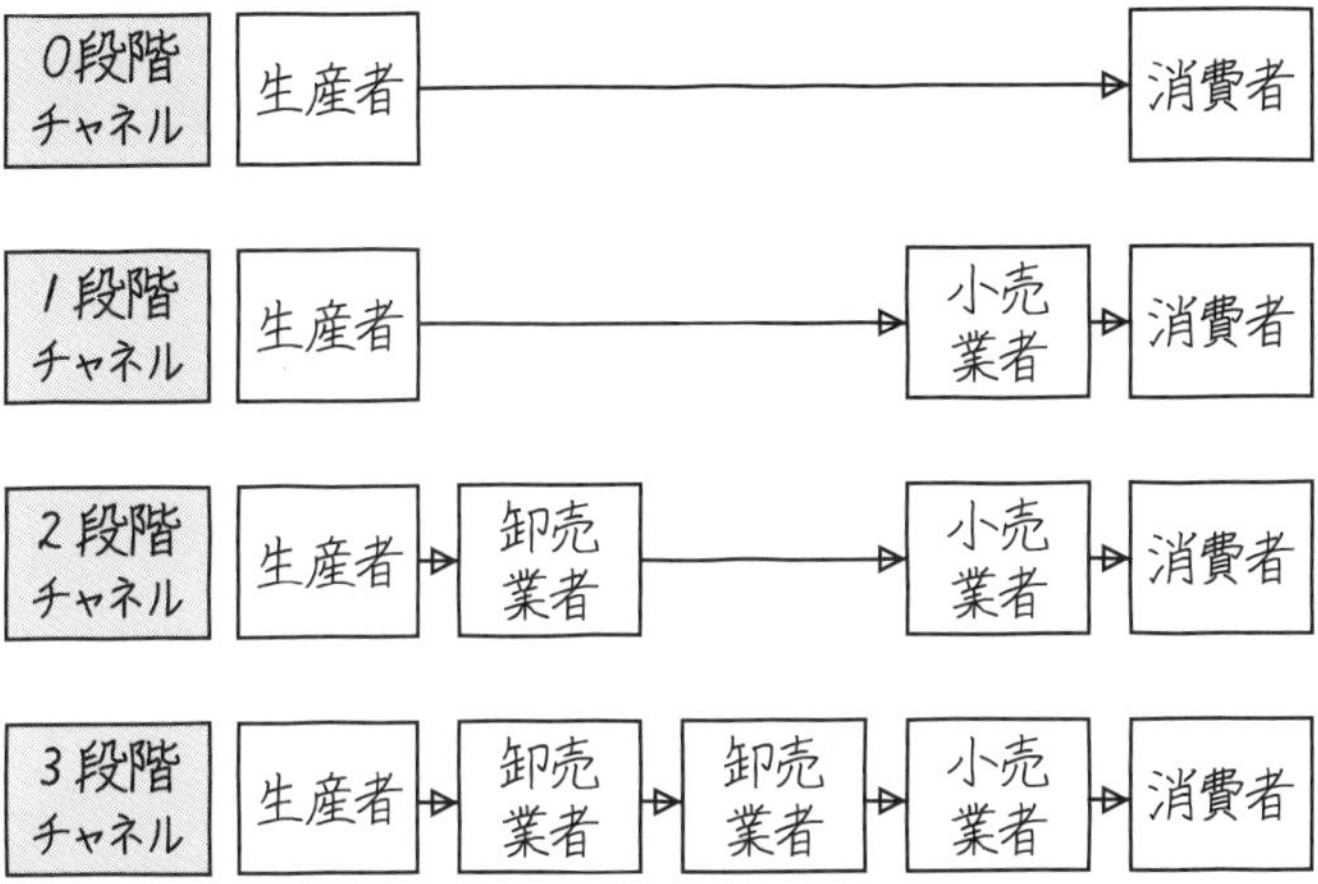

少し酔いの回った茜が話しかけてきた。

「佐々木さんは、予定通り、〝いい製品〟になって、価値が上がって〝価格〟も高くなり、それなりに市場に出せるいい男になりました。で、ここから先は、何かマーケティング的な戦略があるんですか？」

茜の質問に、美緒は「もちろん、あるわよ！」と自信たっぷりに言うと、「次は『4P』のうちの『チャネル（place）』ね」と言って、かばんの中から1冊のノートを取り出して、佐々木と茜に図を見せた。

「『チャネル』っていうのは、簡単に言ってしまうと、製品やサービスが製造業者から最終消費者まで流れるその流通経路のことなのよ」

「この『0段階チャネル』とか『1段階チャネル』っていうのは、何なんですか?」

佐々木が興味津々な表情で尋ねてきた。

「チャネル段階の『長さ』による分類方法よ。一番上の『0段階チャネル』というのは、いわゆるダイレクト・マーケティング・チャネルのことよね。製造業者と消費者が直接取引をするから、間に誰も入らないじゃない。だから『0段階』という言葉を使うのよ」

茜は美緒のノートを覗き込みながら「ネット通販とかは、この『0段階チャネル』に含まれるんですね」と言って一人うなずいた。

「『1段階チャネル』は、1つの中間業者が存在する経路のことを言うのよ。一般消費者が買うものであれば、小売業者。生産財の場合は、代理店などがここに入るわ」

「そうなると、この『2段階チャネル』というのは、小売業者とメーカーの間に問屋さんなどが仲介で入ったケースのことを言うんですね」

佐々木はそう言って、美緒の書いた図を指差した。

「その通り。中間業者を活用することによって、小売業者と製造業者の取引を最小限で済ませることができるでしょ。問屋っていうのは、そういう意味でチャネルの効率化が図られたケースなのよね」

美緒は漬物をポリポリと食べながら、最後の『3段階チャネル』の上に指を置いた。

「これは、卸業者が2つ間に入って、小売業者に商品が行き渡ってから、消費者に商品が届くパターンね」

「こんなに仲介業者が間に入る商品なんてあるのかしら」

茜が不思議そうな顔をして首を傾けた。

「食料品や日用雑貨などの最寄品に多いわよ。単価が低くて購買頻度の高い商品で、なおかつ小売店の数が多いと、どうしても卸業者の数が多くないと対応することができないわ」

「こうやって見ると、チャネルにもいろいろなパターンがあるんですね」

佐々木はそう言うと、自分のノートを取り出して、美緒の書いたチャネルの図を書き写し始めた。

「実はもう1つ、チャネルには『幅』で分類する方法もあるのよ。佐々木君、あとで書き写す時間あげるから、ノートを貸してくれないかしら」

美緒が断りを入れると、佐々木は「どうぞどうぞ」と言って左手を差し出した。

① 開放的チャネル政策
② 選択的チャネル政策
③ 専売的チャネル政策

「①の『開放的チャネル政策』というのは、中間業者の数を限定しないで、取引先を希望するすべての販売業者に流通させる手法のことなの」

「中間業者が限りなく増えるから、商品は市場に行き渡りますね」

佐々木がメモをとりながら美緒の言葉に反応する。横にいた茜は「これが、市場に商品を流通させるために一番いい方法なんじゃないですか?」と、美緒に尋ねた。

「売上を増大させるには最高の策よ。でも、中間業者が多すぎて管理することができなくなるし、こういう売り方は、ある程度、広告を活用して商品やサービスの認知度を上げなければ、このチャネル政策を最大限に活かすのは難しいわね」

「そうなると、②の『選択的チャネル政策』っていうのが、バランス的にいいのかしら」

茜の問いかけに、美緒は「確かにそうね」と言って、説明をさらに続けた。

「『選択的チャネル政策』は、資格条件に合致した販売先にだけ製品を流通させて、中間業者の数を最適にする政策のことを言うのよ。程よく中間業者の協力も得られるから、プロモーションは広告に頼らなくても、人的販売でカバーできるわ」

「つまり、〝売り子〟に左右されるチャネルってことですね」

佐々木はそう言って納得しそうになったが、すぐに「でも――」と言葉を繋いだ。

「それだったら、この『専売的チャネル政策』のほうが、もっと人的販売のパワーが注入できるんじゃないですかね」

「中間業者の数を、特定の地域で一業者のみに絞り込む政策だからね。販売にはとても協力的になってくれるし、他の2つの政策よりも売り子は張り切って商品を売ってくれることは間違いないわ」

「この売り方の『幅』の分類に関しては、会社の規模や大きさ、商品によって大きく変わってきそうですね」

茜はそう言うと、美緒が飲み干したコップに、ビールをなみなみと注ぎ足した。

「①の『開放的チャネル政策』は、洗剤やトイレタリー商品のように、消費者の目にたくさん触れることが重要な商品によく使われるわ。②の『選択的チャネル政策』は、販売者の指導が必要な家電や医薬品の販売などの現場に用いられることが多いのよ。③の『専売的チャネル政策』は、わかりやすいところで言えば自動車の新車ディーラーやガソリンスタンドなんかが、この政策の分類に含まれるわね」

美緒はそこまで話すと、茜の注いでくれたビールを一気に飲み干した。そして、喉をいったん潤してから、さらに話を続けた。

「これらのチャネル政策は、さらに『結合』によって分類されるのよ。たとえば、メーカーと同じ資本の販売会社があったり、契約によるフランチャイズ形式のものがあったり、自主性を保ちながら管理されるチャネル政策もあるわよね」

「ということは、佐々木さんを〝消費者〟である女子社員に流通させるために、私たちは最適なチャネルを見つけ出さなくてはいけないってことですね」

茜は顔をほころばせながら、前のめりになって美緒に話しかけた。

「そうね。最初は、中間業者としてお見合い相談所か合コンをセッティングしようかと思ったけど、ここは『0段階チャネル』の直販が良さそうね」

「でも、いきなり『佐々木さんを彼氏にいかがですか？』っていうのも、ダイレクト過ぎませんか？」

茜の発言に、美緒は「確かにね」と言って、一人うなずいた。

「美緒先輩、ここは『一段階チャネル』でいくのはどうですかね。私の社内の同期入社の女子社員を使って、佐々木さんを売り込むのに協力してもらうんですよ」

その話を横で聞いていた佐々木が「そんな簡単に協力してくれますかね」と不安そうな顔をしながら話に入ってきた。

「大丈夫よ。『チャネルパワー』を使えばいけるわ」

美緒はそう言うと、5つの項目を自分のノートに書き出した。

①　報酬パワー
②　制裁のパワー
③　正当性のパワー
④　一体化のパワー
⑤　専門的知識のパワー

「チャネルは設計されただけでは機能しないのよ。ちゃんとマネジメントしなければ、売り手側は責任をもって商品やサービスを売ってくれないわ」

「誰かが管理しなきゃダメってことなんですね」

佐々木がそう言うと、美緒は「それを『チャネルリーダー』って言うのよ」と言葉を付け加えた。

「『チャネルリーダー』は、リーダーを適切に管理して、団結力を保ちながら最大限の売上を出すために統率力を保たなくてはいけないの」

美緒はそう言うと、茜の顔を見ながら、ゆっくりとした口調で説明を始めた。

「佐々木君の良さを茜の同期入社の女子社員、つまり『チャネルメンバー』に伝えて、彼女たちに事前に動いてもらう作戦はとってもいい戦略だと思うわ。ただ、彼女たちをハンドリングするためには、この5つのチャネルパワーをうまく使いこなさなきゃダメなのよ」

茜は美緒の説明を聞きながら、少し頬を緩めて自信ありげに話し始めた。

「①の『報酬パワー』であれば、ランチをご馳走するとか言えば、ほとんどの子がついてくると思います。②の『制裁のパワー』だったら、〝もう合コンに呼ばないわよ〟って脅せば、みんな私の言うことを聞くはずです」

美緒が「③の『正当性のパワー』は？」とたずねると、茜は「それも大丈夫です」と言って話を続けた。

「同期入社の中では、私がリーダー格だから統制力は問題ありません。こう見えて仲間からの信頼も厚いから、④の『一体化のパワー』も大丈夫だと思うし、男性社員の情報や知識を社内で一番持っているのは私だから、⑤の『専門的知識のパワー』も間違いなくあると思います」

茜の一連の発言を横で聞いていた佐々木は「完璧だ」とポツリとつぶやいた。そして、その場でわなわなと震えながら「よろしくお願いします！」と言って勢いよく茜に頭を下げた。

「私に任せておいてください。佐々木さんのブランド力を高めるスローガンも考えたんですよ。シンプルに『結婚するぜ！佐々木君』っていうのはどうですかね」

「おおぉ、なんか力がみなぎってきましたよ」

佐々木の言葉を聞いてふんぞり返る茜の姿を見ながら、美緒は「そのくらい仕事もマジメにやってくれたらいいんだけどね」と言って、自分のビールに口をつけた。

【コラム⑤】「価格の決め方」で悩んでいる会社は倒産する

最近、商品の「価格」の決定方法を相談される機会が増えています。おそらく、物価の上昇にともなって、新たな価格設定をしたい会社が増えているのが要因だと思われます。

しかし、価格の決定方法を独自に持っていない企業というのは、将来性が乏しい企業だと言わざるを得ません。なぜならば、利益を自分の意志で自由にコントロールできない企業は、競合他社との価格競争に自分の会社もつきあわなくてはいけなくなるからです。

おそらく、多くの企業が、価格を決定する際に、「原価」と「必要経費」を足して、そこに会社を運営する上で必要な「利益」を上乗せして、「価格」を決めているはずです。しかし、販売価格は競合他社と商品価格を比較しながら決めているため、自分たちが望んでいる利益率で商品を売ることができていないのが現状です。

他社の商品と比較して価格決定しているようでは、いつまで立っても自分が望む「利益」を生み出すことができません。そのような状況が続けば、最終的には価格競争に強い企業との競争に負けてしまい、いずれは市場から撤退することになってしまうでしょう。

小さな企業が勝ち残るためには、自分にとって都合のよい利益を自由に乗せられるビジネスを展開しなくてはなりません。オリジナリティがあり、付加価値を高めることができない商売が長続きしないのは、自分の意志による価格決定ができないことが要因なのです。

第6章

わかっているようでわかっていない本当の「プロモーション」

～企業の広告宣伝費はまだまだ削減できる～

■なぜ企業は「プロモーション」をするのか？

舞台に上がると、佐々木はマイクの前で、直立不動で話し始めた。

「私、マーケティング部所属の『結婚するぜ！佐々木君』でおなじみの、佐々木太郎です！」

「みなさん、ご存知の通り、彼は今、彼女大募集中です」

一緒に舞台に上がった茜がそう言うと、会場からは「いいぞ、いいぞ」と大声で野次が飛んだ。

「この社員旅行の余興の場を借りて、我がハマグリ缶詰が誇る新商品『佐々木さん』のプレゼンをさせていただければと思います。えーっ、佐々木さんの生年月日は……」

毎年、10月に行われるハマグリ缶詰の社員旅行。夜の余興の場を借りて、マーケティング部では、佐々木を売り込む大々的な『プロモーション』を展開することにした。

美緒と茜、そして佐々木の3人は、この1ヶ月の間、仕事そっちのけで何度も打ち合わせを重ねて、この〝佐々木デビュー〟の日を迎えたのである――。

「佐々木君のダメ男脱出計画も、そろそろ大詰めね」

デビューを1ヶ月前に控えた3人は、ハマグリ缶詰の会議室に集まっていた。

4月に始動したこの計画も、そろそろ5ヶ月目を迎える。

最初は冗談半分でスタートとしたはずの〝お遊び〟のような企画だったが、気がつけば3人の団結力は固まり、『佐々木君を結婚させる』という1つの目標に向かって、マーケティング部の3人は突き進んでいた。

「今日は、マーケティングミックスの『4P』の最後、『プロモーション（promotion）』について解説するわね」

美緒はそう言うと、ホワイトボードに4つの言葉を書き連ねた。

① who　ターゲットは誰か
② what　どのようなメッセージを
③ when　実施のタイミング
④ how　どのように

「『プロモーション』っていうのは、一言で言ってしまえば、お客さんに情報を伝達することなのよ。今まで実践してきた〝製品〟や〝価格〟、〝チャネル〟の3Pも、最後の『P』の〝プロモーション〟がしっかりしていなければ、お客さんに商品の情報が行き渡らないから、結局は売れない商品で終わってしまうわ」

「どんなに佐々木さんがいい男でも、それを誰も知らなかったら、意味がないってことですよね」

茜がそう言うと、佐々木は「今までの努力が無駄になるのは嫌だな」とぽつりとつぶやいた。

「だから、まずはプロモーション政策を、他の3つのPと整合性を取りながら組み立てていく必要があるのよ。そこで、この4つのポイントを、もう一度確認する必要があるのよね」

美緒は「まずは、ターゲットの『who』は誰だってところからね」と言って、茜のことを指差した。

「もちろん、社内の独身女性社員ですよ。佐々木さんの接触する頻度が一番高くて、なおかつ、私たちがコントロールできる〝市場〟でもありますからね。すでに、私の友達にも動いてもらっているから、ここに絞ってアクションを取ったほうがいいと思います」

茜の言葉に、美緒は「ここは当初の予定通りね」と言って、ホワイトボードに『社内の独身女性』と書き記した。

「②の『what』は、お客さんに伝える『メッセージ』ね。これは当然、『彼女が欲しい』『結婚したい』ということになるわね。だけど、肝心なのは次よ」

美緒は真剣な表情になると③の『when』のところを指差した。

「いつのタイミングで、佐々木君を動かし始めるかってことよね」

「うーん、今はまだ佐々木さんの良さを広めはじめたところだから、もう少し時間が欲しいところなんですよね」

茜は唸りながら腕を組んだ。美緒は「そうなると、1ヵ月後ぐらいかしら」と独り言のようにつぶやいて、壁にぶら下がっていたカレンダーに目をやった。

しばらく沈黙した後、茜が「あっ、そうだ！」と抜けたような声をあげた。

「10月の社員旅行の日なんてどうでしょうか？」

美緒と佐々木は同時に「社員旅行？」と叫ぶと、2人そろってカレンダーに歩み寄った。

「10月の第1週目に熱海温泉に社員旅行があるわね」

「この日、マーケティング部の出し物で、佐々木さんの彼女募集を大々的に告知するんです！」

茜が興奮しながら話し始めると、佐々木は「恥ずかしいですよ」と言って、顔を真っ赤にしながら反論してきた。

「他にチャンスはありませんよ。女子社員が見ている前で、公にドーンと告知すれば、彼女たちも動き出すきっかけができて、都合がいいと思うんです」

茜はそう言うと、「それに――」と言う言葉を挟んでから、言葉を繋いだ。

「10月の第1週で告知をすれば……うまくいけばクリスマスまでに彼女ができます」

佐々木は、この言葉を聞いて覚悟を決めたのか、慌てていたそぶりをやめて、真剣に茜の話に耳を傾け始めた。

美緒は、「そうなると、残り2つはこれで決まりね」と言って、もう一度、ホワイトボードに指を置いた。

「④の『when』は社員旅行で、⑤の『how』は余興の時間。ここで佐々木君をデビューさせるわね」

美緒の言葉に、佐々木が「でも」と不安そうな声をあげた。

「なんだか、心配です」

「何が心配なのよ」

「社員旅行のときに彼女募集を行うことについては腹をくくりました。僕もそういう機会がないと、そのままダラダラいっちゃいそうですし。だけど、いきなりこの日に『彼女が欲しいです』と言うよりも、もうちょっと事前情報みたいなものが社内に行き渡っていたほうが、気持ちが楽かなぁというところがありまして」

佐々木の声のトーンは少しずつ小さくなっていった。

「つまり、佐々木さんが社員旅行の余興で舞台に上がったときは、なんとなく会場のみんなが、『あぁ、あの〝結婚したい佐々木君〟ね』と思ってもらえるような、そういう状況になっていたほうがいいってことですね」

茜が、佐々木の言い切れなかったことを代弁した。美緒も、「確かに、それは一理あるわね」と言って、腕を組んだ。

「美緒先輩、やっぱり③の『when』については、今から動いたほうが良さそうですね」

「そうね。社員旅行のデビューイベントに向けて、『プロモーションミックス』を今から仕掛けておいたほうが良さそうね」

「ん？　なんですか、『プロモーションミックス』っていうのは」

■プロモーションで最小限の予算で最大限の効果を発揮するには

茜が不意に出てきたキーワードに反応した。

「各プロモーション手段を効果的に組み合わせることよ」

美緒はそう言うと、ホワイトボードにマジックを走らせた。

①広告
②パブリシティ
③販売促進
④人的販売

「①の『広告』というのは、テレビや雑誌、新聞などのマスメディア等の媒体を使って、商品やサービスの情報を発信する方法ね」

美緒のコメントを聞いて、佐々木が「インターネットも、この『広告』の媒体の分類に含まれるんですか？」と質問をした。

「もちろんよ。小さいところで言えば、折込チラシやＰＯＰも、この分類に入るわね」

「うちの会社も、テレビや新聞に広告をバンバン打てば、もっと商品が売れるのにね」

茜が不満そうに口を尖らせた。

「確かに、『広告』はマスに向けてメッセージを発信する力があるわよ。でも、その分、コストが高いというデメリットも抱えているわ」

美緒はホワイトボードに書いた②の「パブリシティ」という言葉を指差した。

「これは、いわゆるプレスリリースの配信によって、テレビや新聞に無料で情報を掲載してもらうことよ。費用が発生しない上に、情報の受け手の信頼性が高いから、企業にとっては、非常にありがたいわね」

「でも、プレスリリースをマスコミに送っても、記事やニュースではなかなか取り上げられませんよ」

「問題はそこなのよね。こちらで掲載をコントロールできないのと、内容に関しては、こちらは一切タッチできないからね。直接、企業の宣伝媒体として効果的かといえば、微妙な場合も多々あるわよね」

美緒はそう言うと、さらに「その点、コレはその真逆よね」と言葉を繋いだ。

「③の『販売促進』というのは、直接、売上に直結する手法のことを言うのよ。佐々木君、この販売促進に含まれる販促手法をいくつか挙げてみて」

美緒の突然の振りに、佐々木は慌てながらも、1つひとつ答え始めた。

「えーっと、懸賞企画、景品、展示会、クーポン配布……短期間で結果が出そうなのは、このへんですかね」

「そうね。ただ、今、挙げてもらった販促企画は、すべてコストがかかるわよね」

「ええ、クーポン配布などは、クーポンを告知するための広告費や、クーポン分の値引きの負担もありますからね」

「他にも、クーポンの印刷代やクーポン利用者へのDM代金なんかも発生するから、決して企業にとって気軽に展開できるプロモーションじゃないわよね」

「そうなると、やっぱり④の『人的販売』が一番、いいんですか？」

茜が、2人の会話に割って入ってきた。

「『人的販売』って、セールスマンが直接販売する方法のことですよね。直接、相手の反応を見ながらメッセージを送ることができるんですから、一番効率がいいんじゃないですか」

茜の質問に美緒が「肝心なことを忘れているわよ」と言って、ホワイトボードに「人件費」という文字を書き記した。

「この『人的販売』には人件費がものすごくかかるのよ。そう考えると、決して安いプロモーションではないわ」

美緒の言葉に、茜は「あーん、じゃあ、何が一番いいプロモーションなのよ！」と言って、持っていたペンを机の上に放り投げた。

それを見て、美緒は「そこよ！」と言って、茜のことを指差した。

「プロモーションって、どれをとっても一長一短なのよ。効果はあるけれど金がかかるか、金はかからないけど効果が薄いとか」

その言葉を聞いて佐々木は「世の中、うまい話はないってことですね」と言って、ひとり大きくうなずいた。

「だから、これらのプロモーションを組み合わせる必要があるのよ。今回の佐々木君のデビューも、このようなプロモーションをうまく組み合わせて、認知度を上げていったほうがいいのよ」

その話を聞いて、茜は「でも、先輩」と言って、首をかしげながら美緒に問いかけた。

「そうなると、私たちは佐々木さんをデビューさせるために、①の『広告』のプロモーションで何をやればいいんですか？　まさか、会社の1年分の広告宣伝費を使って、テレビコマーシャルで佐々木君の彼女募集をやるとか」

「そういう壮大な販促は私も好きだけど、おそらくそんなことしたら、佐々木君の彼女ができる前に、私たち3人が会社をクビになるわね」

美緒は半笑いしながらそう言うと、机の上にあったクリアファイルから、1枚のチラシを出した。そこには『結婚するぜ！佐々木君』という大きなフレーズが躍っていた。

「これを、社内の掲示板に張るのよ。ＰＯＰも『広告』のプロモーションの1つだからね。それと、私たちが週に1回、社内向けに発信しているメールマガジンがあるわよね。あそこのヘッターとフッターにも、佐々木君の彼女募集の告知をするわ」

その話を聞いて、茜は面白くなったのか、「②の『パブリシティ』はどうするんですか?」と美緒に尋ねてきた。

「『パブリシティ』は社内報を活用しようと思うの。あそこで、毎月スタッフ1人ひとりにインタビューする記事があるじゃない。あのコーナーに佐々木君を取材するようにねじ込むわ。社内報を作っている総務部には顔が利くから、たぶん大丈夫よ」

「でも、③の『販売促進』はどうするんですか。社内のノベルティグッズなんかプレゼントしても、僕の彼女になってくれる人なんかいませんよ」

佐々木のコメントに、美緒は「当たり前でしょ」と言って、手に持っていた書類で軽く佐々木の頭を引っぱたいた。

そこへ茜が話に割って入る。

「私の友達をもうちょっと活発に動かしてみるっていうのはどうでしょうか。たとえば、友達が声をかけた女子社員の人が、もし、佐々木君の彼女になったら、紹介してくれた人に食事をおごるとか」

「それはいいアイデアね。佐々木君、彼女を紹介してくれたら、その友達に食事ぐらいご馳走できるわよね?」

美緒の気迫に押されながらも、「ええ、まぁ」と佐々木がうなずいた。横で茜が「1000万円も貯金があるから大丈夫よね」と言って、ケラケラと笑った。

「最後の④の『人的販売』に関しては、私が来週の部長会議で、各部署の部長に目ぼしい独身女子社員に声をかけてもらうよう、お願いするわ」

「会社の上司から『彼氏を作らないか?』なんて勧められたら、逆効果にならないですか?」

「そんなストレートな言い方はしないわよ。『佐々木君が社員旅行で彼女募集の面白い余興をやるらしい』と言って、煽《あお》っておくだけよ。そうすれば、部長たちも面白そうな話だから、各部署に戻ってから話題にしてくれるはずよ」

茜は「それはうまいやり方ですね」と言って、大きくうなずいた。しかし、佐々木はその横で、「部長たちの期待のハードルを上げないでくださいよ」と、泣きそうな顔をして頭を抱えた。

「どちらにせよ、本番の社員旅行の日までに、プロモーションミックスを展開して、女子社員に情報を効果的に提供しなきゃダメよ。みんな最後まで気を抜かないでね」

美緒の掛け声に、２人は「はい！」と返事をして、表情を引き締めた。

「――というわけで、ハマグリ缶詰マーケティング部の余興を終わります！　みなさん、ありがとうございました」

茜の締めの挨拶に、酒で酔いが回っている社員は盛大な拍手を送った。

『ダメ男佐々木君』のレッテルが貼られている佐々木が、歌やダンス、一発芸で会場を盛り上げて、さらには、事前に佐々木の情報を女子社員に伝えていたこともあって、余興は黄色い女性の声援に包まれた。

そして、最後に美緒が舞台の上に立ち、いつもの冷静沈着な口調でゆっくりと話し始めた。

「なお、佐々木君の彼女に〝我こそは！〟と思う女子社員がいれば、遠慮なくマーケティング部までお問い合わせください。ファックス、メール、手紙の他、ツイッターやフェイスブック等でも受け付けております」

美緒の事務的な挨拶が、逆に派手な余興とのギャップを生み、会場はさらに大きな笑いに包まれた。

「うまくいったわね！」

舞台袖に降りてきた美緒に対して、佐々木と茜がハイタッチを繰り出した。

「これで、後は結果を待つだけね」

茜が両手を合わせて祈るような表情で天を仰いだ。

「誰もこなかったら、ショックですよ」

身体を自信なさげに丸める佐々木に対して、美緒が「大丈夫よ」と言って、背中に大きな張り手を食らわせた。

「プロモーションは、先がどうなるかわからないところも、面白さの醍醐味だったりするのよ。だから、こういう不安な時期も楽しむ気持ちを忘れちゃダメよ」

美緒はそう言うと、2人の目を見て笑みを浮かべながら言葉を続けた。

「結局、何が売れるかなんて、どんなにマーケティングを駆使しても確実にわかることはないのよ。でも、その不確定な状況の中で適切な戦略を組んで、結果を出すのが、私たちマーケティング部の役割だったりするの。未来のことがわからないからって何もせずに過ごすよりも、未来に起こりうる〝売れる〟という結果を最大限に引き出すために、企業はマーケティング戦略を止めてはいけないのよ」

佐々木はその言葉を聞いて、少し元気が出てきたのか、明るい表情を取り戻した。

「じゃあ、もしも、僕の彼女の立候補がたくさん集まったら、一緒に選ぶのを手伝ってくださいね」

佐々木がそう言うと、美緒が「調子に乗るな！」と言って、笑いながら佐々木の頭を引っぱたいた。

■「AIDMA」を知れば、もう広告戦略に悩まない

茜がオフィスのカレンダーを見ながら、大きなため息をついた。

「もう社員旅行から1ヶ月も経つのに、ぜんぜん反応なしですね」

「やっぱり、僕に魅力がないからでしょうか……」

佐々木も茜と同じような深いため息をついた。

そこに、打ち合わせを終えた美緒が帰ってくる。

「何、落ち込んでいるのよ」

「だって、社員旅行のときはあんなに盛り上がったのに、今のところ、女子社員から

音沙汰がまったくないんですよ。みんな冷やかしだったんですかね」

「そんなことないわよ。社内のフェイスブックやツイッターの反応を見る限り、〝市場〟は好感触って感じよ」

美緒の言葉に、茜は「でも、佐々木さんの彼女の立候補は今のところゼロですよ」と言って、口を尖らせた。

しかし、美緒は「想定内のことよ」と言って、背後にあったホワイトボードに、アルファベットの羅列を書き記した。

AIDMA

「エー、アイ、ディー……って、これ、何ですか?」

「『アイドマ』よ」

佐々木は「アイドマ?」と聞き返すと、「そんな名前の外国人の女子社員、うちの会社にいましたっけ?」と茜にたずねた。

「佐々木さん、何寝ぼけたこと言っているんですか。〝アイドマさん〟なんて南米系の名前の女子社員なんていないですよ。たぶん、食堂のパートの〝愛戸マリさん〟のあだ名じゃないですか」

「えっ、あの人、僕の母親よりも年上ですよ！」

慌てている佐々木に、美緒は「勝手に話を進めないで！」と言って頭をひっぱたいた。

「外国人でもなければ、食堂のおばちゃんでもないわよ。この『アイドマ』っていうのは、消費者の購買までの心理プロセスの頭文字を取ったものなのよ」

美緒はそう言うと、ホワイトボードに言葉を書き記した。

①attension　注意
②interest　関心
③desire　欲求
④memory　記憶
⑤action　行動

「お客さんは、企業のプロモーション活動によって、製品の情報を得た後、実際に購入するまで、だいたいこの順番で心理プロセスを踏んでいくのよ」

茜が上から1つひとつ指を差しながら言葉を発していく。

「①の『注意』というのは、広告に気を引かせるってことですよね。②の『関心』っていうのは、その商品のことに興味を持ってもらって、③の『欲求』というのは、実際に商品を欲しくなるってことですね」

「そして、④の『記憶』でその商品を覚えてもらって、最後は⑤の『行動』で、商品を買いに行ってもらうという段取りよ」

美緒が話を付け加えると、佐々木が「うーん」と横で唸った。

「消費者が商品を購入する心理プロセスはわかったんですが、そうなると、今の僕のプロモーションに関しては、女子社員はどの位置にいるんですか?」

佐々木の問いかけに、茜は「ここらへんじゃないかしら」と言って、②の「関心」のところを指差した。

「えっ、まだその位置ですか」

「『欲求』ってほどじゃないですよ」

茜の言葉に、美緒は「私はここらへんだと思うな」と言って、④の「記憶」という文字を赤いマジックで囲った。

「すでに、社員旅行で『注意』を引いて、『関心』は持ってもらっているわ。興味のある子は、佐々木君の彼氏に立候補してもいいという『欲求』を持っていると思っているし、そういう子は、すでに毎日、社内で佐々木君のことを意識しているから、『記憶』にも強く残っていると思うのよね」

「ということは、そろそろ『ＡＩＤＭＡ』の最後の〝Ａ〟のアクション、つまり〝行動〟が起こるかもしれないんですね」

茜がワクワクした表情を浮かべながら、美緒に話しかけた。

「だから、私たちは、その『記憶』の段階にいる、まだ見ぬ女子社員に対して、もう一押しのプロモーションをかけなきゃダメね」

「わかった！　背中押してあげればいいんですね。それだったら、もう一度、私の友達にプッシュさせますよ。それとなく、目ぼしい女子社員に佐々木さんの印象を聞き出してみて、脈がありそうな子がいたら、再度、アプローチするよう指示を出してみます」

「それは名案ね。一般的な商品の話になるけど、購買のプロセスにおいて、『注意』と『関心』の過程の場合は、広告やパブリシティが有効で、『欲求』や『記憶』『行動』の場合は、人的販売が有効な販促手段と言われているのよ」

美緒はそう言うと、「そういうわけで、佐々木君、あなたも頑張るのよ」と言って、佐々木を指差した。

美緒の突然の指示に、佐々木は慌てながら、「何をすればいいんですか？」と聞き返した。

「人的販促を頑張るのよ。たぶん、記憶に残っている女子社員は、社内で佐々木君のことを、チラチラ見ているはずよ。少し意識しながら周りを観察してみて」

「そんなぁ、きょろきょろしていたら自意識過剰だと思われますよ」

「自意識過剰が恋愛の始まりなのよ。もし、自分のことを見ている女子社員と目が合ったら、めいいっぱいの笑顔で返してあげなさい」

佐々木は「こんな感じですか？」といって、ぎこちない笑顔を作って美緒に見せた。

「その笑顔は、ただの変質者よ！　もう一回！」

美緒はそう言うと、佐々木のほっぺをつねって、再度、笑顔を作らせた。

茜が横で「しばらくは笑顔作りの特訓ね」といって、あきれた顔をしながらため息をついた。

【コラム⑥】キャッチコピーは〝最重要〟ではない

チラシやPOPを作る際は、〝読まれる〟ことよりも〝見られる〟ことを意識して制作したほうが、売上に反映されやすい販促ツールを作ることができます。

本書で述べられている「AIDMA」を思い出してください。消費者の購入プロセスを順に追っていくと、「A」のattention（注意）が先で、次に「I」のinterest（関心）が後に来ます。つまり、プロモーションは「注意」を引くための〝見られる〟ことが最優先であり、「関心」を持ってもらうための〝読まれる〟ことは後回しなのです。

考えてみれば、チラシやPOPは、見てから読まれるものです。決して読んでから見られるものではありません。キャッチコピーを大きく掲げられたチラシやPOPは、見られなかったら、そもそも書いた言葉すら読まれません。しかし、キャッチコピーよりも写真やイラストを重視した〝見られる〟チラシやPOPを作れば、まずはお客さんの目に留めてもらえるので、中身のキャッチコピーを読んでもらえる確率は必然的に高くなります。

もちろん、「言葉」が重要であるのは事実です。しかし、『見られないことには、読まれない』というプロモーションの原理原則から考えれば、キャッチコピーを基軸にしてチラシやPOPを考えることは、戦略としてはナンセンスであることがわかります。販促物とは、まずは〝見られる〟を大前提で作るべきものであり、〝読まれる〟というのは二の次なのです。

第7章

顧客維持のマーケティングによる恋愛術

~お客さんの心を一生掴み続ける「リレーションシップマーケティング」~

■新規顧客と優良顧客は、どちらが大事？

昼休み。茜がものすごい勢いで、扉を開けて飛び込んできた。

「美緒先輩！　ついに来ましたぁ！」

息を切らせる茜に、美緒が「もしかして？」と声を詰まらせた。

固唾《かたず》を飲んで見守る佐々木の前で、茜は大きな溜めを作ってから、叫ぶように言った。

「佐々木さんの彼女の候補、来ました！」

そう言った瞬間、３人は雄叫びをあげて抱きしめ合った。

「みなさんのおかげです！　ありがとうございます！　ありがとうございます！」

佐々木は選挙で当選した議員のように、美緒と茜に頭を下げ続ける。

「よく頑張ったわね」

「いえ、部長と茜さんの協力があったからこそ、ここまでやってこれました」

「これで、一安心ですね」

茜がそう言うと、佐々木はやや遠慮がちに「ところで――」と言って、言葉を繋いだ。

「僕の彼女に立候補してくれたのは、誰なんですか?」

「開発部の仙道綾乃ちゃん」

美緒は「あぁ、あの目がクリっとした子ね」と言って「なかなか可愛い子じゃない」と言葉を繋いで佐々木に目をやった。

しかし、佐々木は急に顔を真っ赤にして、黙り込んだまま動かなくなった。

「佐々木さん、どうしたんですか?」

「いや、その、実は……」

佐々木が話を切り出す前に、茜が「あっ、わかった」と言って、言葉を繋いだ。

「もしかして、自分のことを見つめている女の子の1人だったたんじゃないんですか?」

茜がそう言うと、佐々木は、コクリと何度もうなずいてみせた。

「やるじゃん、佐々木君!」

美緒がそう言うと、佐々木は「部長が目を合わせたら笑顔で返せって言うから」と言って、再び口ごもってしまった。

「でも、佐々木さんにはお似合いの相手ですよ」

茜はそう言うと、メモ帳を取り出して報告を始めた。

「仙道綾乃ちゃんは、入社6年目で血液型はO型。2人姉妹の長女で、趣味は天体観測」

「えっ、天体観測ですか！」

佐々木が茜の報告に食いついてきた。

美緒が「趣味が同じじゃん」と言うと、佐々木は「うれしいなぁ」と言って、声を震わせながら表情を緩めた。

茜は取材メモを閉じて「これは、まさに運命ね」と言って、ニヤリと笑った。

「美緒先輩、これは、勝負が決まったも同然ですよ。確実に佐々木さんは綾乃ちゃんをゲットできると思います。今日は祝杯の準備をしなきゃいけないですね」

茜はそう言うと、祝杯の会場を予約しようと携帯電話を握り締めた。

しかし、美緒は「まだわからないわよ」と言って、鋭い眼光で2人を見つめた。

「相手はビジネスで言うと新規顧客と同じよ。うまく食いつかせたからって、そのまま優良顧客になるとは限らないわ」

美緒はそう言うと、ホワイトボードに言葉を書き記した。

リレーションシップマーケティング

「これは、改めて既存のお客さんとの関係を深めて、長く維持し続ける新しいマーケティングの概念よ」

美緒がそう言うと、茜は「なるほど」と言って相槌を打った。

「つまり、今までの新しいお客さんを獲得する戦略ではなくて、従来のお客さんを大事に育て上げる戦略のことを言うんですね」

「男女のつきあいで言うと、新しく恋人を見つける戦略じゃなくて、捕まえた彼女と長くつきあうための戦略ってところね」

美緒はニコリと笑うと、佐々木に視線を送った。

「佐々木君も、今回の一件で、新規で彼女を捕まえるのが、どれだけ大変かということがわかったでしょ？」

「もちろんです。めちゃくちゃ大変だし、時間とコストと労力がかかることを身に染みて学びました」

「だったら、新しい彼女を見つけるよりも、今、自分のアプローチに応えてくれた綾乃ちゃんを大切にしたいわよね」

美緒の問いかけに、佐々木は「当たり前です！」と言って、激しく首を縦に振った。

「これは、従来の『1対多』の顧客創造型のマーケティングとは違って、『1対1』の顧客維持型マーケティングとして、多くの企業が実践しているマーケティングノウハウなの。いい機会だから、この話もついでにさせてもらうわね」

■顧客を維持し続けるための「CRM戦略」と「LTV」

美緒はホワイトボードに、さらに英文字を書き連ねた。

customer relationship management

「カスタマー、リレーションシップ、マネジメント？」

佐々木がぎこちない口調でつぶやく。

「単語の頭文字をとって『CRM戦略』って言うのよ。顧客との関係を構築して、獲得収益を最大化させることを目指す戦略よ」

美緒の言葉に、茜が「わかった！」と言って声を上げた。

「これって、化粧品の販売でよくありますよね。セールスレディがお客さんと仲良くなって、気に入ってもらえたら、ずっとその化粧品を買い続けてもらうような、そんな感じのビジネスモデルですよね」

「その通り。最終的には、そのお客さんが、その会社に対して、どれくらい長い間、商品を買い続けてくれるかが、この『CRM戦略』のカギになるのよね」

美緒はそう言うと、ホワイトボードに「life time value」という英文字を書き記した。

「ライフ・タイム・バリュー。マーケティング用語では『LTV』ってよく言われるんだけどね。企業が顧客に対して、長期にわたって製品やサービスを提供し続けることで、企業は『LTV』を通じて、利益をどれぐらい獲得することができるか、そこに着目することが、顧客維持には大切なのよ」

「その通りですよね。化粧品だって、そのセールスレディと長くつきあえば、やはり高額な商品を買うし、関連の派生商品にも手をつけたり、友達を紹介したりしますからね。企業にとっては、新しいお客さんを獲得するよりも、確実に売上が作れる既存顧客を大切にしたほうがいいのかもしれませんね」

美緒は茜の話にコクリとうなずくと、ホワイトボードに公式を書き始めた。


LTV＝顧客1人当たりの年間利益×平均寿命×割引率

「この公式で、ライフ・タイム・バリューは導き出せるわ」

「なるほど、すごいわかりやすいです」

茜がそう言うと、美緒は「なんだか結婚と同じね」とポツリとつぶやいた。

「どういう意味ですか？」と茜が聞き返すと、美緒はゆっくりとした言葉で話し始めた。

「だって、パートナーが年間で自分自身を幸せにしてくれる『利益』と、それに『平均寿命』を掛け合わせるのだから、これって〝結婚〟と同じじゃない」

「でも、そうなると、『割引率』って何なんですか？」

茜が問いかけると、美緒は「まぁ、『割引率』っていうぐらいだから――」と言って、静かに言葉を繋いだ。

「男女のつきあいで言うと、喧嘩とか、いがみ合いのことじゃないかな。そういう辛い体験を、幸せになった『利益』から割り引いて考えて、『ライフ・タイム・バリュー』、つまり、相手と結婚する〝価値〟を見出すんじゃないのかしら」

美緒はそう言って横に目をやると、茜が目を潤ませながら震えていた。

「どうしたのよ」

「美緒先輩！　私、今、すっごく感動しています！」

茜はそう言うと、美緒の手を握り締めた。

「幸せから辛いことを差し引いて、それでお互いの結婚の価値を高める……、まさに、これこそ女の幸せですよ！」

「そ、そうかしら？」

「私、マーケティングを勉強して本当によかったです！」

茜は涙目になりながら、美緒に抱きついた。

2人のやり取りを横で見ていた佐々木が「あの、ちょっといいですか?」と言って、遠慮がちに話に割って入ってきた。

「この『ライフ・タイム・バリュー』って、正確に算出するのは難しいですよね。そのお客さんが、将来的に買ってくれる商品の金額なんてわからないですし」

「そうね。長期の期待収益額の算出は不確定性が高くなってしまうから、あんまり参考にはならないわね。せいぜい、3~5年ぐらいの中期間で考えるのが一般的ね」

茜は佐々木と美緒の話に「そうですよ」と言って割って入り、「あまりにも長く将来の話をされても、女性は引いちゃいますからね」と、言葉を付け加えた。

「彼女ができて早く結婚したい気持ちはわかりますけど、あまりにも、そういう話ばかりされると、女性って重荷になっちゃうんですよ」

佐々木は「なるほど」と言いながら、早速メモをとり始めた。

■お客さんの進化に合わせ、売り手側も進化しなくてはいけない

美緒はその姿を見て、覚悟を決めた表情で言葉を発した。

「そろそろ、最後のマーケティングの話を教えなきゃダメね」

美緒はそう言うと、「佐々木君に彼女ができたら、ずっと話そうと思っていたことなんだけど」と言って、ホワイトボードに三角形の図を書き記した。

「『顧客進化』って言ってね。お客さんは企業の長期的な顧客を維持していく努力を通じて、どんどん成長していくものなのよ」

美緒はそう言うと、三角形の底辺を指差した。

「ここは私たちが、今まで学んできた新規顧客獲得のために頑張った『見込み客』のゾーンね。ここに広告費を投資したり、人的販促を行ったりして、とにかくお客さんを一生懸命集めてきたのよ」

「私たちが佐々木君の彼女募集のチラシを社内に貼ったり、社員旅行で余興をやったりしたのが、これに入るんですね」

茜が懐かしそうな顔をして相槌を打つ。

「そして、今回、〝綾乃ちゃん〟という『顧客』をなんとかゲットできたわ。でも、ここから佐々木君が頑張って、彼女を大切にすれば、彼女は何度も佐々木君に会いたくなって、次の『得意客』にステップアップするわ」

図16　顧客進化

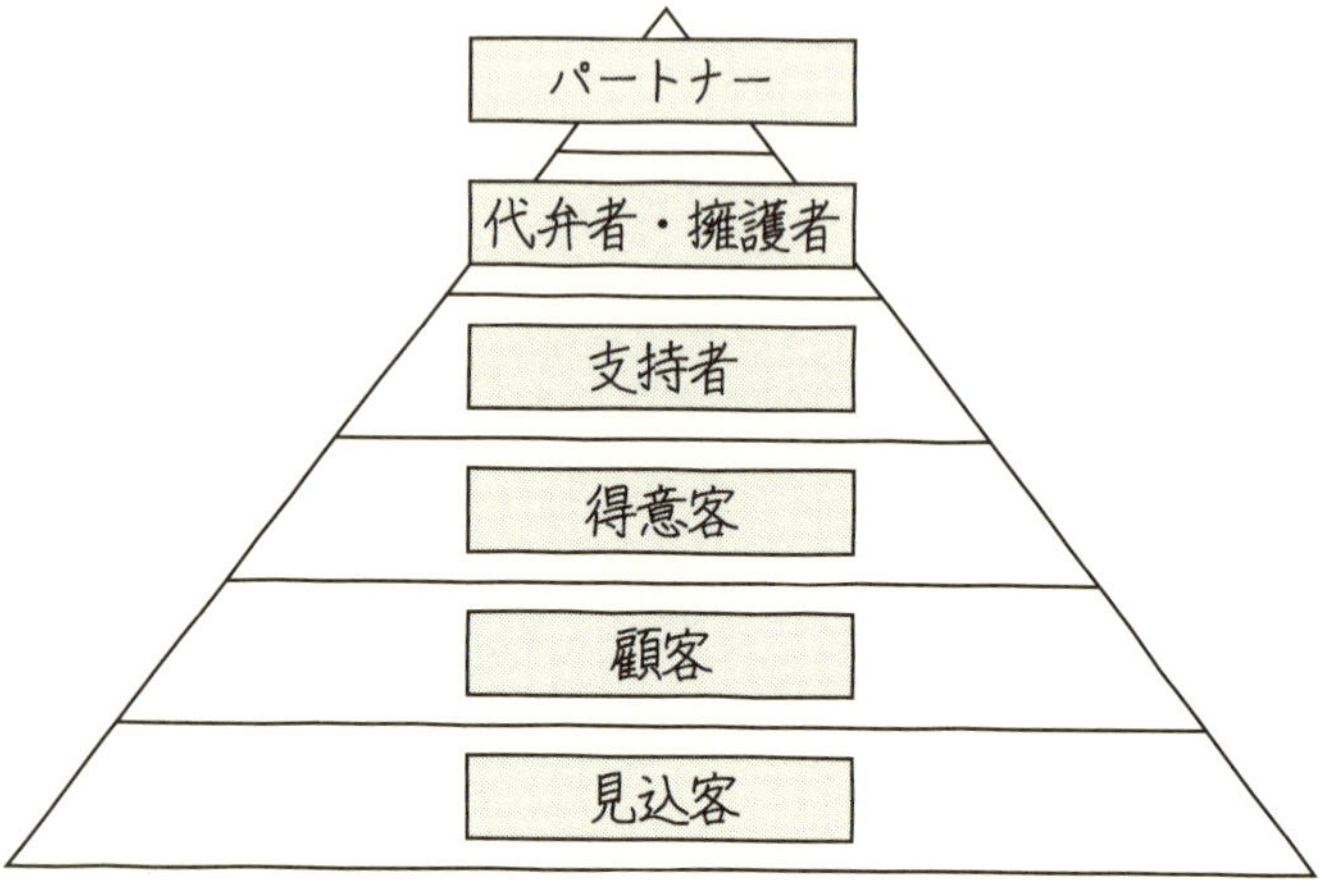

「そうなってくれれば御の字ですよ」

佐々木が照れながら言ったが、すぐに美緒は「それじゃダメなのよ」と語気を強めた。

「『得意客』だからといって、安心しちゃいけないのよ。今の時代、似たような商品もあれば、同じ性能で安い商品なんて山のようにあるじゃない。それと同じで、佐々木君と同じようなレベルの男の人は世の中にたくさんいるわ。だから、ちゃんと繋ぎとめておかなければ、すぐに他の〝商品〟、つまり別の男に浮気されてしまうわよ」

「そうですよ。ちょっと油断しちゃうと、佐々木さんよりも、もっといい男なんてたくさんいるんですからね。もし、ここで綾乃ちゃんに逃げられると、また『４Ｐ』の最初のＰから彼女作りを始めなきゃダメなんですよ」

茜の言葉に、佐々木は「それは勘弁ですよ」と言って、顔を真っ青にした。

「そうならないためにも、次のステップの『支持者』に彼女を育てなきゃいけないのよ」

美緒はそう言うと、ホワイトボードに書いた三角形を指差した。

「この『支持者』っていうのは、企業に対して商品やサービスの提案をしてくれたり、商品やサービスを越えて、味方になってくれたりするお客さんね」

佐々木はメモをとりながら「『代弁者・擁護者』っていうのは、どういうお客さんなんですか？」と美緒に尋ねた。

「企業のコンセプトに共感するお客さんね。サッカーで言うとサポーターみたいな感じのポジションよ。このレベルの顧客になったら、他のお客さんに商品の良さを伝えたり、会社の素晴らしさを他の人に言ってくれたりするから、企業としては大切にしなきゃいけない優良顧客と言ってもいいわ」

「綾乃ちゃんも、ここまで仲良くなれば、友達や両親にも佐々木さんのいいところを伝えてくれるから、結婚へもぐっと近づくわね」

茜のアドバイスが終わると、美緒は「そして最後は――」と言って言葉を繋いだ。

「一番大切なのが頂点の『パートナー』ね。この言葉通り、企業と共に一緒に成長してくれるお客さんのことよ。もうこのレベルまで来たら『顧客』と呼んではダメよ。自分の会社の商品やサービスに対して、真剣に考えてくれて、お客さんを獲得する方法や、優良顧客の育て方など、いろいろなことをアドバイスしてくれる、いわゆる〝伴侶〟みたいなものだからね」

佐々木は、しばらくジーっと美緒の言葉に聞き入ると、静かに「『パートナー』っていうのは、ズバリ『結婚相手』ってことですね」と言葉を発した。

「その通りよ。自分の人生でプラスを生み出してくれる相手だからこそ、結婚するんでしょ。マイナスになるために結婚したわけじゃないんだから、そのことを忘れちゃダメよ」

美緒はそう言うと、静かにマジックを置いて、佐々木を見つめた。

「佐々木君」

突然の問いかけに、佐々木は「はい」と大きな返事をした。

「私があなたの婚活で教えられることは、これが全部よ」

美緒の言葉に、佐々木は真剣なまなざしでうなずいた。つられて横に座っていた茜も大きくうなずく。

「どんなに素晴らしいマーケティング戦略を立てても、実行しなければ、ただのお金儲けの理想論でしかないのよ。しかも、実行したら、成功もあるけど、その陰には何倍もの数の失敗があることを忘れないでね」

美緒は佐々木と茜の顔を見渡すと、一呼吸置いてから、言葉を発した。

「だから、失敗を恐れないで。人生もマーケティングも、失敗をしなければ学べないし、その失敗を修正した数だけ、幸せに一歩近づくと思って、彼女を大切にしてあげてね」

美緒はそう言うと、「では、検討を祈る」と言って、佐々木に敬礼をした。

すると、茜は「はい、これご祝儀」と言って、佐々木に東京ディズニーランドのチケットを2枚差し出した。

口を開けてぽかんとする佐々木に、茜が優しい口調で語りかけた。

「佐々木さんに彼女ができたら、これをプレゼントしようって美緒先輩と一緒に事前に買っておいたんです」

そのペアチケットを見て、佐々木の目から涙がこぼれた。

「新規顧客は最初の接触が肝心よ。最高のシチュエーションで、綾乃ちゃんを満足させてあげてね」

茜がそう言うと、美緒は「ほら、昼休みがそろそろ終わるわよ。デートのお誘いに行って来い！」と言って、佐々木のお尻を思いっきりひっぱたいた。

佐々木は「はい！」と元気よく返事をすると、涙を拭いてオフィスの扉を開けて飛び出していった。

「あーあ、終わっちゃった」

2人だけになった小さなオフィスの小部屋で、美緒がつまらなそうな声をあげた。

「佐々木さん、うまく綾乃ちゃんと結婚できるかしら」

茜の言葉に美緒は「さあね」と短く答えた。

「マーケティングと同じで、どんなに完璧な戦略を立てても、結果はわからないものよ」

「お客さんの気持ちは、永遠にわからないってことですね」

茜が、ふーっと小さなため息をついた。

「だけど、そのわからないお客さんの気持ちを、全力で掴もうとするマーケティングって面白いと思わない？」

美緒の問いかけに、茜は「うーん」とうなってから、「私は微妙かな」と独り言のように言った。

「あら、今回の佐々木君の一件で、マーケティングの面白さがわかったんじゃないの？」

「確かに面白いと思いましたよ。でも、マーケティングに詳しくなりすぎると……美緒先輩みたいに結婚できなくなっちゃうかもしれないから」

茜はそう言うと、美緒の顔を見て、笑いながら舌をペロンと出した。

美緒は顔を真っ赤にしながら、「今の発言、絶対に許さん！」と言って、茜の頭を何度も引っぱたいた。

㊄

【コラム⑦】新規顧客獲得あっての、優良顧客作り

苦労して手に入れた優良顧客というのは、永遠に囲い込んでおきたいものです。しかし、顧客はよほどのことがない限り、時間が経てば自分の手元からいなくなってしまいます。歳を重ねれば味覚が変わり、ライフスタイルも変わっていきます。好みが変われば、買うものも当然変わり、いつも買っていた商品に対して、「なんで今まで買っていたんだろう?」と魔法が解けたように、急に興味を示さなくなってしまいます。

つまり、顧客というのは〝永遠〟のものではないのです。売り手側の努力とは関係なく、商品に対して興味を失い、自分の意志で手元から〝卒業〟してしまうものなのです。

だから、売り手側は、常に新規顧客を獲得し続けなければなりません。顧客が定期的に〝卒業〟していく以上、新しい顧客を〝入学〟させなければ、顧客はどんどん減っていき、売上は右肩下がりで落ちていってしまいます。

売り手側は、ある程度の売上に達してしまうと、守りの気持ちが働いてしまい、顧客維持に対して必死になってしまう傾向にあります。しかし、顧客維持の戦略だけに偏ってしまうと、売上を伸ばすことはできません。

顧客維持というのは、あくまで新規顧客獲得と抱き合わせの戦略であることを、売り手側は常に頭の中に入れておかなくてはいけません。

あとがき

本書はマーケティングの基本的な手順と理論をストーリー形式でわかりやすく解説したものです。

本末転倒な話になってしまうかもしれませんが、本書で解説した「マーケティング理論」がビジネスの現場でそのまま役立つことはほとんどありません。

マーケティング理論とは、売上を作る上での仮説を立てたり、販促の結果データを見ながら検証したりする際の、どちらかと言えば、理論を組み立てる上での必要な知識であって、現場ですぐに実践で使えるノウハウではないと私は思っています。

むしろ、臨機応変な対応が問われるビジネスの世界では、型にはめられたマーケティング理論は柔軟性を欠いてしまう恐れがあるので、実際のビジネス、特に中小企業の販促の戦略にはあまり向いていないと言えます。

しかし、このマーケティング理論を知っているか、知らないかで、ビジネスの世界に広がる〝景色〟がまるで違って見えてくるのも事実です。

「この売り方は、こういう理論で成り立っていたんだ」

「この商品は、この法則に当てはめると、たぶん売れるな」

「競合会社とは、あのマトリックスを使って差別化のポイントを見つければいいんだ」

このように、ビジネスでなんらかの壁にぶつかった際に、ふとこの本で学んだマーケティング理論を思い出してみると、今まで先が見えなかった視界が、ぱっと明るくなるような感覚を覚えるはずだと思います。

ビジネスの世界で、知っていて損をする知識などありません。

マーケティングに関する書籍は世の中にたくさんありますので、本書をきっかけに、もっと深いビジネスのノウハウに興味を持っていただければ、著書としてうれしい限りです。


そして、本書のもうひとつのテーマとして理解していただきたいのは、「ビジネス」と「婚活」は非常によく似ているということです。

「異性」というマーケットに対して、自分自身を「商品」として売り込み、ライバルと差別化を図り、振り向いてもらうために、さまざまな戦略を駆使する点は、まさにビジネスの世界と同じです。

そして、同時に「思い通りにいかない」という点も、ビジネスと婚活の共通点であることは、みなさんの過去の恋愛経験からも、身に染みて理解できることだと思います。つまり、「人」を相手にする仕事は、計算通りにいかないからこそ、「理論」を用いて、「戦略」を立てなくてはいけないのです。

雑誌などに書かれた恋愛指南の通りにデートをしても、異性とうまくいかなかったのと同じように、マーケティング理論をそのままビジネスの世界に持ち込むだけではうまくいきません。

自分なりにノウハウを理解して、そして自分なりにアレンジしなければ、ビジネスや婚活のような柔軟性が問われるシチュエーションでは役に立ちません。〝創意工夫〟という言葉を忘れずに、本書で学んだノウハウをビジネスの世界で役立てていただければと思います。

本書を通じて、ビジネスと人生の両方でみなさんの視野が広がることを、著者として願っております。

竹内謙礼

2013年5月吉日

【著者紹介】

竹内謙礼（たけうち・けんれい）

有限会社いろは代表取締役。大企業、中小企業を問わず、販促戦略立案、新規事業、起業アドバイスを行う経営コンサルタント。

大学卒業後、雑誌編集者を経て観光牧場「成田ゆめ牧場」の企画広報に携わり、通信販売や実店舗の運営、企画立案等を行う。楽天市場に出店したネットショップはオープン３年目で年商１億円を達成。２年連続で楽天市場のショップ・オブ・ザ・イヤー「ベスト店長賞」を受賞。またオークション＆ショッピングサイト「ビッダーズ」において準グランプリを受賞。

現在はビジネス雑誌や『日経MJ』に連載を持つ傍ら、全国の商工会議所や企業等でセミナー活動を行う。また、「タケウチ商売繁盛研究会」を主宰し、多くの経営者や起業家に対して低料金の会員制コンサルティング事業を行っており、特にキャッチコピーによる販売戦略、ネットビジネスのコンサルティングには、多くの実績を持つ。NPO法人ドロップシッピング・コモンズ理事長としてネット副業の支援と普及にも力を入れている。

著書に『売り上げがドカンとあがるキャッチコピーの作り方』『安売りしないでお客をガッチリつかむ技術』（日本経済新聞出版）、『御社のホームページがダメな理由』（中経出版）、『不況でも売れるネットショップの作り方』（日本実業出版）などのほか、小説の手法を用いたビジネス書に『会計天国』『投資ミサイル』（PHP研究所）、『お客の心が読めるメガネ』（かんき出版）、『ネットで儲ける王様のカラクリ』（技術評論社）がある。

〈ホームページ〉
http://e-iroha.com/（ボカンと売れるネット通信講座）

Q.「仕事ができない」「容姿もさえない」「彼女いない歴＝年齢」の男性に1ヶ月で彼女を作ってください。

2013年7月3日　初版発行

著　者　竹内謙礼
発行者　野村直克
発行所　総合法令出版株式会社
〒107－0052　東京都港区赤坂1-9-15 日本自転車会館2号館7階
電話　03-3584-9821（代）
振替　00140-0-69059

印刷・製本　中央精版印刷株式会社

ISBN 978-4-86280-366-5
総合法令出版ホームページ　http://www.horei.com/